선으로 그리는
기호영문법

**선으로 그리는
기호영문법**

초판 1쇄 발행 2024년 3월 25일

지은이   슬래쉬
그린이   전종수

편집   이용혁
디자인   김현수

펴낸이   이경민
펴낸곳   (주)동아엠앤비
출판등록   2014년 3월 28일(제25100-2014-000025호)
주소   (03972) 서울특별시 마포구 월드컵북로 22길 21, 2층
홈페이지   www.dongamnb.com
전화   (편집) 02-392-6901 (마케팅) 02-392-6900
팩스   02-392-6902
이메일   damnb0401@naver.com
SNS   ▮ ◉ 🅑

ISBN   979-11-6363-800-1 (53740)

※ 책 가격은 뒤표지에 있습니다.
※ 잘못된 책은 구입한 곳에서 바꿔 드립니다.

선으로 그리는

슬래쉬 지음

기호

영문법

동아엠앤비

8개의 기호로 세상 모든 문법을 그리다

"문법이 너무 좋아요."

22년 동안 영어를 가르치면서 수많은 상담을 해오고 있지만, 문법이 쉽고 재미있다는 이야기를 한 학생은 만나본 기억이 거의 없어요. 말하기, 듣기, 읽기, 쓰기, 어휘, 문법 중에 가장 중요하고도 기본이 되는 영역이 문법인데요. 바로 그 문법이 재미없고 싫다는 건 영어를 공부할 때 참 불행한 일이 아닐 수 없지요. 기왕 하는 거 재미있으면 안 될까요? 원래 어려운 건 다 재미없는 걸까요? 저는 문법이 쉽고 즐거웠어요. 처음부터 그랬던 건 아닌데 기호를 직접 만들어 사용하다 보니 어느 순간 그렇게 되었답니다.

( ), V, S, +, /, △, =, ⌢

여덟 개의 기호로 영어의 모든 문법을 그려 보여줄 수 있다면 믿으시겠어요? 저는 문법을 제대로 배워본 적이 없어서 스스로 많은 학습 방법을 찾아야 했어요. 공부하거나 일하면서 혼자 중얼거리는 사람 본 적 있나요? 제가 그래요. 뭔가에 몰두하면 혼자 묻고 대답하고. 그렇게 스스로 설명하면서 문법을 공부하다 보니 자연스레 기호들이 만들어졌어요.

기호를 가지고 놀다 보니 점점 더 영어가 재미있어졌고 저에게 기호를 배운 학생들이 더는 문법을 두려워하지 않는 모습을 보며 더욱 탄탄한 기호이론을 만들고 싶어졌어요. 그래서 한국외국어대학교 교육대학원에 진학해 영어교육을 전공하고 기호영문법과 관련된 연구 발표로 우수논문상까지 받게 되었죠. 그로부터 13년이 지난 지금, 더 많은 학생에게 도움을 주고자 이 책을 쓰게 되었습니다.

쉽고 빠른 기호영문법 책을 써야겠다고 다짐했을 때 두 권의 책이 생각났어요. 베르나르 베르베르의 『상대적이며 절대적인 지식의 백과사전』. 사전인지 소설인지 장르를 구분하기 어려운, 참신한 형식이 정말 좋았어요. 물론 흥미로운 이야기가 무궁무진하다는 점 또한 빼놓을 수 없는 매력이지요. 이 책은 작가의 다른 책에서도 자주 인용되곤 해요. 마치 책 속의 책처럼 말이에요.

움베르토 에코의 『장미의 이름』. 이 책을 주목하는 이유는 저자가 작가인 동시에 기호학자이기 때문입니다. 문법을 기호로 전달하는 저로선 기호학에 관심이 많을 수밖에 없거든요. 이 소설은 영화로 만들어졌는데 책 속에 나타난 지도를 토대로 수도원 세트장을 제작했다고 합니다. 막상 촬영을 해보니, 등장인물들이 장소를 이동하며 대화를 나누는 시간의 길이와 그 물리적 공간의 이동 시간이 정확히 맞아떨어졌다고 해요. 기호학자인 움베르토 에코가 얼마나 치밀하게 시간과 공간을 배치했는지 알 수 있습니다.

　이제껏 여러분이 알던 익숙한 문법책과는 많이 다른 새로운 책을 보여드리려 해요. 흥미롭고 신선하며, 문법책인 듯 아닌 듯 독특하게 구성된 기호 이야기 속에 여러분을 빠트릴 거예요. 잠시 페이지를 넘겨 목차를 살펴보세요. 문법 용어를 최대한 사용하지 않은 소제목들이 보일 거예요. 바로 그러한 부분이 이 책의 성격을 잘 보여줍니다. 문법은 사라지고 기호만 가득한 문법 이야기.

"삼각형요!"

　저와 함께 공부하는 친구들은 학교에서 관계대명사를 묻는 선생님의 질문에 이렇게 대답합니다. 처음부터 △으로 배우고 기호를 그렸기 때문에 관계대명사라는 문법 용어를 알지도 못했답니다. 물론 시험 성적은 아주 좋아요. 이 상황이 무엇을 의미할까요? 짐작하겠지만 여러분이 문법을 정복하는데 어렵고 따분한 문법 용어 따위는 전혀 중요하지 않답니다. 단순하고 직관적인 단 8개의 기호만으로 문법 정복은 가능해요.

　이미 문법을 시작해 버려서 어렵고 지루한 과정을 겪고 있는 분들을 위해 목차의 오른쪽에 각 소제목과 관련한 문법 용어들을 옅은 색으로 적어두었어요. 그 부분을 활용해 여러분이 어려워하던 특정 문법이 어떻게 기호로 변하는지 살펴보세요. 더는 머릿속 생각에 그치지 않는, 눈에 보이는 기호영문법으로 이전과는 전혀 다른 문법의 재미를 느끼게 될 거예요.

빨간 신호등을 보면 누구나 멈춰요. 우리의 뇌는 언어보다 신호에 더 빠르게 반응해요. 이 책을 통해 만나게 되는 기호가 그렇습니다. 기호는 신호에요. 말이 필요 없이 직관적으로 여러분의 뇌가 반응하도록 만들어요. 기호는 빠르고 정확하답니다.

그럼 신호등을 모르는 아기도 빨간 불에 멈출까요? 아니겠죠. 빨간 불의 의미를 아직 배우지 못했으니까요. 이 책은 여러분의 머릿속에 8개의 기호라는 빨간 불을 켜 줄 거예요. 이제 삼각형이란 대답에 어리둥절한 선생님과 달리 여러분도 함께 웃어보세요.

20년이 넘는 시간 동안 어린 꼬마 학생부터 저보다 나이가 많은 TOEIC 성인반까지 다양한 연령대의 영어 학습자를 대상으로 기호를 전파해 왔어요. 기호를 배우는데 나이 제한 따위는 없답니다. 신호등 빨간 불의 의미만 이해할 수 있으면 기호를 배워 스스로 활용할 수 있어요.

"난 친절하지 않아!"

친절하고 익숙한 문법 문제집을 기대하지 마세요. 목차의 제목을 통해서도 알 수 있듯 이 책은 전혀 다른 시선으로 문법을 바라본답니다. 최소한의 설명을 위한 경우를 제외하곤 문법 용어를 가급적 사용하지 않아요. 명사와 대명사, 형용사와 한정사, 조동사와 법조동사를 진지하게 구분하지도 않습니다. 그저 N(명사), A(형용사), HV(조동사) 정도면 충분하거든요.

개념편의 시작인 Chapter 1은 본격적으로 기호를 다루기 전 최소한으로 필요한 문법 상식을 소개하고 있어요. 어느 정도 배경 지식을 가지고 있다면 가볍게 넘겨도 괜찮아요. Chapter 2와 3은 8개 기호의 기본 개념을 소개합니다. 실전편이 시작되는 Chapter 4부터는 좀 더 심화 된 기호의 개념 소개와 함께 직접 기호를 그리는 연습을 하게 됩니다. Chapter 5에선 V(동사)의 사촌들 이야기를, Chapter 6에선 문법 왕이 되기 위한 that의 화려한 기호들을 만나게 될 거예요.

기호는 빠르고 강력합니다. 여러분은 기호 이야기와 실전 연습을 통해 기호의 활용을 이해하고 경험하게 될 거예요. 보이는 모든 걸 한 번에 소화하려 하지 말아주세요. 그저 기호 이야기를 읽는다는 정도의 마음가짐이면 충분해요. 대신 곁에 두고 자주 펼쳐 보세요. 받아들이고 이해하고 또 직접 기호를 그리다 보면 문장들이 테트리스처럼 보이기 시작할 거예요. 문법이 즐거워지기 시작하는 순간입니다.

　　『선으로 그리는 기호영문법』이 책을 위한 책, 책 속의 책이 되길 희망해요. 기호의 달인이 된 여러분의 모습을 상상해 보세요. 여러분이 어떤 영어 문장을 만나건 머릿속에 기호가 떠다니는 모습을 그려 보세요. 여러분 모두 문법 왕이 될 수 있어요. 자, 그럼 기호와 함께 새로운 여행을 떠나볼까요?

Contents

8개의 기호로
세상을 보다

개념편

기호를 만나기 전 썰 풀기

책을 읽으려면 글을 알아야 하고, 계산을 하려면 최소한 더하기, 빼기 정도는 할 줄 알아야겠죠? 복잡한 영문법을 단 8개의 기호로 바꾸기 위해선 연필 한 자루 이외에 미리 확인해야 할 것들이 있답니다. 이번 장에선 그 이야기들을 다루어 볼까 해요.

기호로 찾아내는 언어의 뼈대

영희: "나 잡아 봐라~"

철수: "안 보이는데 어떻게 잡아?"

영희: (으응? 이게 아닌데…)

틀린 말은 아닌데, 무드라곤 전혀 없는 철수입니다. 보이지 않으면 찾기 어려운 거 맞죠. 학생들이 문법을 어려워하는 이유가 바로 여기에 있답니다. 문법은 숨어 있어요.

단어는 보이고 발음은 들리지요. 교과서, 모의고사 지문 등 수많은 문장을 읽어요. 대화문도 외우고 수행평가로 글쓰기도 해요. 자막이 있긴 하지만 YouTube에선 끊임없이 영어로 떠들어요. 여러분은 이렇게 영어와 만나요. 자주 만나다 보니 웬걸 좀 잘하는 것 같기도 해요. 착각이든 뭐든 분명한 건 말하기, 읽기, 듣기, 쓰기 그리고 단어(어휘)가 제법 익숙하다는 거예요.

문법은 보이지 않아요. 그 실체를 감추고 있어 좀처럼 감이 오지 않아요. 초등학교 고학년만 되어도 따분하고 지루한 문법과의 전쟁이 시작됩니다. 중요하다고는 들었는데 재미는 없고, 보이지도 않고, 왜 하는지 모르겠고, 오답은 쌓여가고. 진퇴양난입니다.

더미(Dummy)를 소개합니다. 더미는 자동차 충돌 실험 현장에서 운전을 담당하고 있어요. 하는 일은 험하지만 용감한 더미는 눈 한 번 깜빡이지 않고 그 위험한 일을 훌륭히 해내고 있답니다.

더미만의 특별한 능력을 아세요? 바로 한번 만들어진 자세를 웬만해선 바꾸지 않는다는 사실이에요. 옆구리가 가려워도 절대 긁지 않는대요! 더미는 어떻게 이런 능력을 갖추게 되었을까요? 그건 바로 더미의 특별한 관절과 뼈 덕분이랍니다. 어떤 자세든지 한번 잡으면 그 모습 그대로 있을 수 있는 거지요. 만약 더미에게서 그 능력을 빼앗으면 어떻게 될까요? 계속 누워만 있겠죠? 바람 빠진 풍선처럼 말이에요.

언어에도 더미의 관절과 뼈 역할을 하는 부분이 있는데 바로 문법이랍니다. 보이지 않는 관절과 뼈가 더미에게 어떤 자세든지 잡을 수 있는 능력을 갖추게 해준 것처럼 문법 역시 겉으로 보이진 않지만 숨어서 단어들에 생명을 불어넣고 있는 거랍니다.

더미의 관절과 뼈 = 언어의 문법

관절과 뼈 덕분에 더미의 머리와 몸통, 팔과 다리가 제 자리에 잘 붙어 움직이듯 문법은 단어를 연결해 문장의 의미를 만들어 준답니다. I와 you, love 세 개의 단어로 만들 수 있는 배열이 몇 개나 될까요? 한 번 살펴볼까요?

> **I you love.** 나는 너를 사랑해.
> I love you. 나는 사랑해 너를.
> **You love I.** 너는 사랑해 나를.
> **You I love.** 너는 나를 사랑해.
> **Love I you.** 사랑해 나는 너를.
> **Love you I.** 사랑해 너는 나를.

여섯 개군요. 그런데 뭐가 맞고 뭐가 틀린 걸까요? 알다시피 올바른 문장은 단 한 개입니다. 나머지는 왜 틀린 걸까요? 문법 규칙에 어긋나기 때문이랍니다. 그렇게 대단한 문법이 보이질 않는데 어떻게 이해하고 공부하면 좋을까요? 이 고민을 해결하기 위해 8개의 기호를 만든 거예요. 눈에 보이는 문법.

$$(\ ), \ V, \ S, \ +, \ /, \ \triangle, \ =, \ \curvearrowleft$$

기호를 활용하면 더는 문법이 숨을 수 없답니다. 단어처럼 눈에 보이고 발음처럼 귀에 들리는 문법. 생각만 해도 마음에 평화가 찾아오지 않나요? 이제 여러분들은 기호와 친숙해지기만 하면 된답니다. 조금만 몸 풀고 곧 기호를 만나기로 해요.

2

사~ 사~ 사~자로 끝나는 말은?

영희: "사~ 사~ 사~자로 끝나는 말은?"

철수: "명사, 동사, 형용사, 부사, 전치사, 접-속사~"

영희: (이게 뭐라는 거야???)

오늘도 다정한 영희와 철수, 끝말잇기 놀이를 하고 있네요? 그런데 철수가 지금 뭐라는 거죠? 보통 의사, 마법사, 집사 이런 단어를 말하지 않나요? 하긴 뭐 철수 말도 틀린 건 아니니까요. 짐작건대 우리 철수는 '품사'를 잘 아는 게 틀림없어요. 품사가 뭐냐고요?

모든 것의 이름 명사(N)

품사(part of speech)는 문장 속에서 단어가 어떻게 기능하는지를 보여줘요. 예를 들면 제 이름 '슬래쉬(Slash)'는 이름을 뜻하는 명사(Noun)랍니다. 저와 함께 공부하는 친구들의 부모님은 '슬러시(Slush)'랑 자주 혼동하고 실제로도 그렇게 부르셔요. 아마 제가 제법 시원하게 생긴 모양입니다.

'슬래쉬'든 '슬러시'든 둘 다 이름을 나타내는 명사(N)임은 틀림 없답니다. 이렇듯 명사(N)는 사람, 사물, 장소, 생각 등을 나타내는데 사용됩니다. 앞으론 N이라고 부를게요.

'-다'로 끝나는 동사(V)

다음으로 동사(Verb)는 행동이나 상태를 보여줘요. '먹다(eat)', '자다(sleep)', '-되다(become)'와 같은 '-다'로 끝나는 단어로 말이죠. 앞으로 동사는? V! V가 뭐다? 동사다!

V와 N의 콜라보, 동명사(G)

그런데 V와 N을 결합해 새로운 품사를 만들 수 있어요. 말하자면 V 와 N의 콜라보인 셈이지요. V의 '동', N의 '명'을 합쳐 태어난 '동명사 (Gerund)'가 그 주인공이랍니다. 동명사(Gerund)를 만드는 방법은 아주 간단해요. V에 '-ing'를 붙여 '-하는 것'이라고 해석하면 돼요. '먹는 것(eating)', '자는 것(sleeping)', '되는 것(becoming)'처럼 말이죠.

'-ㄴ'으로 끝나면 형용사(A)

영희: "나 슬러시 먹는다~"

철수: "어떤 슬러시?"

영희: "빨간 슬러시~"

철수: "어떻게 먹는데?"

영희: "맛있게?" (왜 자꾸 물어보는 거야?)

자꾸 물어보는 게 철수도 먹고 싶나 봐요. 그나저나 철수 덕분에 형용사(Adjective)와 부사(Adverb)를 쉽게 소개할 수 있겠네요. 앞에서 사물의 이름(슬러시)을 나타내는 게 N이라고 소개했잖아요? 그런 N을 꾸미는 게 바로 형용사(A)의 역할이랍니다. 슬러시는 슬러시인데 어떤 슬러시? 빨간 슬러시. 여기서 '빨간'이란 단어가 N을 꾸며주는 형용사, 즉 A인 거지요.

A N
맛있는 슬러시
궁금한 철수
눈치 없는 영희

혹시 A의 특징을 찾으셨나요? '맛있는', '궁금한', '눈치 없는' 이 단어들을 보면 공통점이 있는데 말이죠. 네, 맞아요. A는 주로 우리말 '-ㄴ'으로 끝나요. 간단하죠?

어떻게? 부사(Ad)

'어떻게 먹냐'는 질문에 영희가 '맛있게'라고 대답했는데 혹시 다른 대답은 또 뭐가 있을까요?

> 영희는 슬러시를 신나게 먹어요.
> 시원하게
> 우아하게

별생각 없이 적었는데 슬러시를 우아하게 먹는 영희는 좀 재미있네요. 공교롭게도 '먹다(V)'를 꾸미는 단어들이 전부 우리말 '-게'로 끝나고 있네요. 이쯤 되면 또 하나의 규칙을 발견한 거 같죠? 맞아요, V를 꾸미는 부사(Ad)는 대부분 '-게'로 끝나는 특징을 가지고 있어요. 부사는 '부'가적으로 쓰는 단어라 꼭 필요한 건 아니지만 등장만으로 문장의 의미를 더욱 풍요롭게 만들어 준답니다.

영희: "야! 너 죽었어!"
철수: "우헤헤"

갑자기 무슨 일일까요? 영희가 화가 많이 났네요. 혹시 철수가 한 건 한 게 아닐까요? 곧 일어날 일을 상상해 보자고요.

상상1. 철수가 도망간다. 잡힌다. 맞는다.

상상2. 철수가 빠르게 도망간다. 잡힌다. 맞는다.

상상3. 철수가 겁나게 빠르게 도망간다. 성공한다. 맛본다.
사람 좋게 웃는다. 맞는다.

결국 또 맞았지만 세 번째 상상 만에 철수가 성공했군요. 철수의 성공 비결은 뭘까요? 바로 '겁나게' 덕분이랍니다. 이 '겁나게'를 서울 사람들은 '매우(very)'라고 한다면서요? 이제 보니 'Ad(겁나게)'가 또 다른 'Ad(빠르게)'를 꾸미고 있네요. 실제로 Ad(부사)는 A(형용사)가 꾸미는 N(명사)을 제외한 V나 A, Ad를 적극적으로 꾸민답니다. 팔방미인 Ad~

치사하게 앞에 오는 전치사

영희: "야~ 치사하게 한 대 맞았다고 혼자 가냐?"
철수: "겁나 아팠거든!"
영희: "같이 가! 아 어디 있을 건데?"
철수: "집에."

'집'은 'home'이고 '~에'는 발음도 비슷한 'at' 이니까 '집에'는 'home at'? 아니, 그러면 큰일 나요. 언제나 치사하게 앞에 오는 전치사(Preposition)를 소개할 때이군요. 전치사(Prep)의 '전'은 한자로

'앞 전(前)'자를 쓴대요. 그래서 전 농담 반 진담 반으로 '치사하게 앞에 온다.'라고 표현해요. 왜 치사한지는 모르겠지만 무슨 상관이에요. 이해만 잘되면 그만이지요.

전치사(Prep) 'at'을 검색하면 '…에(서)'라는 결과를 볼 수 있는데요, 저는 여기서 '…(땡땡땡)'을 '~(지렁이)'로 바꿔 읽어요. 그러니까 'at'의 뜻은 '(지렁이)에(서)'가 되는 거지요. 이렇게 단어를 검색했을 때 '지렁이(~)'가 보이면 전치사(Prep)니까 치사하게 앞으로 이동하는 거예요.

집에 = ~~home at(~)~~ = at(~) home

드디어 제대로 되었네요. 기억해주세요. 뜻을 찾아봤을 때 '…', 즉 '~'가 보이면 뭐다? 전치사! 그럼 어디로 간다? 치사하게 앞으로! 이제 마지막 접속사(+) 하나 남았네요. Go! Go!

앞과 뒤를 연결해주는 +, 접속사

오늘도 행복한 영희와(+) 철수가 소풍을 갑니다. 영희는 산에 가자고 하는데(+) 철수는 바다에 가자네요. 높든(+) 깊든 아무렴 어때요. 어디든 가서(+) 행복한 시간을 보내면 그만이지요.

영희와 철수의 알콩달콩 이야기에 더하기(+)를 몇 개 표시해 봤어요. 접속사인 +는 이렇게 앞과 뒤를 연결해주는데요, 한 가지 조건이 있답니다. 앞과 뒤의 형태가 같아야 해요. N(영희) + N(철수), A(높은) + A(깊은) 이런 식으로 말이죠. 이렇게 앞뒤를 연결하는 +에는 and(그리고), but(그러나), or(또는), so(그래서)와 같은 단어들이 있답니다. 이 네 개의 단어를 위 이야기에 각각 순서대로 집어 넣어보세요. 어떤 느낌인지 아시겠죠? 다른 종류의 +도 있는데 그건 나중에 만나보자고요.

이것만은 반드시 기억해주세요. 누군가 '품사가 뭐야?'라고 물으면 반드시 '~사'라고 대답해야 하는 거. 잊지 마세요! 하다못해 생각이 안 나면 '마법~사'라도 말하세요!

3

복수는 나의 힘

영희: "이에는 이, 눈에는 눈!"

철수: "왜 또 그래? 무섭게."

영희: "개똥이한테 복수할 거야! 같이 하자."

철수: "나도?"

영희: "응, 복수는 여럿이 해야 제 맛이지."

뭔지 모르겠지만 오늘도 평화로운 영희가 단단히 벼르고 있는 건 분명하네요. 문법에도 '복수'가 있다는 거 알고 계시나요? 개수가 두 개 이상이면 복수라고 불러요. 그러니까 사탕이 두 개 있으면? 복수인 거지요. 그럼 하나는 뭐라 불러요? 음, 혹시 바둑 규칙을 아시나요?

바둑에선 두 집을 만들지 못하고 동서남북 사방이 막히면 돌이 죽는데요, 앞 그림의 검은 돌은 도망갈 곳이 단 한 곳(화살표)밖에 없지요? 이 상태를 '단수'라 한답니다. 그러니까 하나면 '단수', 둘 이상이면 '복수' 이렇게 되는 거지요.

하나면 단수, 두 개 이상이면 복수. 우리말은 복수를 '-들'로 표현하는데 영어는 어떻게 표현할까요? 아주 간단해요. 명사(N)인 단어에 '-s'만 붙여주면 돼요. 'A black stone(한 개의 검은 바둑돌)'과 'three white stones(세 개의 하얀 바둑돌들).' 참 쉽죠?

그런데 놀랍게도 영어엔 V(동사)에도 단수와 복수가 있다는 걸 알고 있나요? 네! 분명 V에도 단수동사와 복수동사가 존재해요. 다만 청개구리처럼 위치가 반대랍니다. 다시 말해 N(명사)은 복수일 때 '-s'가 붙는데, V(동사)는 단수일 때 '-s'가 붙어요.

아니, 잠시만요! 단수와 복수 개념은 셀 수 있는 명사, N에만 있는 거 아닌가요? 맞아요. 동사는 셀 수가 없어요. 그래서 V(동사) 앞에 있는 N(명사)의 개수를 세는 거예요. I와 you를 제외한 'V 앞에 있는 N(주어(S))'이 단수이면 동사에 '-s'를 붙여요.

	복수V	단수V
I	dream	~~dreams~~
You	dream	~~dreams~~
He	~~dream~~	dreams
She	~~dream~~	dreams
영희와 철수	dream	~~dreams~~

I와 you는 제외한다고 했으니까 고민 없이 그냥 dream. 그(he)나 그녀(she)는 한 사람(단수)이니까 V에 '-s'를 붙여 단수동사를 만들어 주어요. 마지막으로 '영희와 철수'는 두 명(복수)이니까 복수동사 dream.

이것만 기억하세요. N(명사)은 복수일 때 '-s'가 붙고, 청개구리 V(동사)는 단수일 때 '-s'가 붙어요. 다음 장에서 소개할 인칭을 알고 나면 번거롭게 '-s'를 붙이는 단수동사를 기억하는 게 훨씬 더 쉬워진답니다. 그럼 이제 인칭을 만나러 가 볼까요?

내가 너를 부른다

영희: "어? 나(I)밖에 없네?"

영희: '앗, 철수다.' "야, 너 어디 갔다 와?"

철수: "응, 개똥이 달래주고 왔어. 아까 너(you)가 혼내줬잖아."

영희: "뭐야. 걔(he)는 그걸로 또 삐진 거야? 쳇."

숫자놀이 한 번 해볼까요? 하나, 둘, 셋~ 일, 이, 삼~ 원, 투, 쓰리~ 왜 자꾸 세 개만 세냐고요? 네, 위 대화의 등장인물을 세어봤답니다. 우린 모두 서로를 불러요. 이렇게 부르는 걸 '인칭(person)'이라고 하는데요, 서로를 부르는 인칭엔 세 가지 종류가 있어요.

나밖에 없네? 한 명이면 1인칭

영희가 '나밖에 없네?'라고 말하는 순간 주변엔 아무도 없었겠죠? 그땐 나, 즉 'I'라는 사람 1명만 존재하겠죠? 이렇게 1명만 있는 'I'는 1인칭이랍니다. 마침 'I'랑 '1'이랑 닮아서 기억하기도 쉽네요. I = 1인칭

영희에게 철수는? 철수에게 영희는? You!

'너에게 난~' 앗, 까불다 영희에게 또 맞겠어요. 혼자 있던 영희에게 철수가 나타납니다. 인구수가 2명이 되는 순간입니다. 영희와 철수는 서로를 너(you)라고 부르고 있네요. '나'가 아닌 상대방은 '너', '너'는 you. You는 2번째 사람. 2번째는 2인칭. You = 2인칭

나(I)와 너(you)를 제외한 세상의 모든 것: 넌 3번째다

이렇게 '나(첫 번째)'와 '너(두 번째)'가 정해지고 나면 세상 모든 나머지는 '세 번째'가 돼요. 세 번째는 3인칭. 즉, I와 you를 제외한 모든 건 3인칭이라 불러요. 그러니까 '개똥이'나 '개'는 모두 3인칭이라 불러요. 영희와 철수의 이야기를 만들어내고 있는 지금 제 컴퓨터, 키보드, 휴대폰, 커피가 담긴 텀블러, 마우스, 펜, 태블릿 등 보이는 모든 게 전부 3인칭이랍니다.

이 3인칭을 꼭 기억해야 해요. I와 you 다음에 오는 V(동사)는 사전을 검색해 나오는 단어 그대로 쓰면 돼요. 하지만 V 앞에 등장하는 N(명사)이 3인칭 단수(한 개)면 V(동사)에 '-s'를 붙여 줘야 하거든요.

나(1)는 논다.
너(2)는 논다.
개똥이(3)는 논다s.

장난스레 한글에 '-s'를 붙여 봤는데 잘 보이네요. 바로 이런 부분이 우리말과 다른 영어의 특징이랍니다. 참 이상하죠? 왜 이런 규칙을 만들었는지. 뭐 어쩌겠어요? 우리말과는 다른 영어의 규칙이니 잘 기억할 수밖에요.

영작을 처음하는 학생들이 가장 많이 하는 실수가 바로 이 '-s'를 빼먹는 거랍니다. 반드시! 기억하세요! 문장의 처음에 등장하는 N이 3인칭 단수면 V에 '-s'를 붙인다. 끝!

5

거기 뭐 들었어?

영희: "어디가?"

철수: "바다 수영하러"

영희: "거기 뭐 들었어?"

철수: "응, 수모랑 물안경, 수영복, 오리발 그리고 빨대."

영희: "웬 빨대? 아~ 스노클(snorkel)!"

철수가 부럽네요. 바닷물에도 들어가고. 저도 수영을 정말 좋아하거든요. 물에 들어갈 땐 아무리 멋진 슈트도 소용없지요. 상황에 맞는 적절한 준비물이 필요한 법인데 마찬가지로 문장을 만들 때 꼭 필요한 재료(성분)가 있답니다. 이번엔 그 재료들을 이야기해볼게요. 단 4개(S, V, O, C)만 기억하면 되니 우리 한번 달려 봅시다!

엣~헴! 물럿거라~ 주인공 나가신다:

문장의 주인공 = 주어(Subject)

'유주얼 서스펙트'라는 영화가 있었어요. 범죄 스릴러물로 최후의

순간에야 진범이 밝혀지는 아주 흥미진진한 영화랍니다. 영화를 보러 극장에 간 사람들 모두 기대가 아주 컸겠죠? 그런데 어느 극장에 빌런(Villein) 하나가 다녀갔대요. 극장 입구에 붙어 있던 포스터 한쪽에 떡 하니 동그라미를 그리곤 낙서를 한 거죠. "이 사람이 범인이다!" 진짜 최악의 스포(spoiler)가 아닐 수 없습니다.

보통의 영화 포스터라면 주인공을 찾기 어렵지 않아요. 보나 마나 가운데 제일 잘 보이는 사람이 주인공이겠죠. 그렇다면 문장의 주인공은 어디에 등장할까요? 가운데? No~ 바로 맨 앞이랍니다. 왜냐면 우리는 글을 앞에서 뒤로(왼쪽에서 오른쪽으로) 쭉 읽어 가잖아요. 주인공이 가장 잘 보이는 맨 앞자리를 차지하는 거지요. 이런 문장의 주인공을 주어(S)라고 불러요. 그리고 주어(S)는 모든 것의 이름을 나타내는 N(명사)으로 만든답니다.

어라? 이거 어디선가 본 듯한데? 맞아요. 31페이지 마지막에 이런 표현이 있어요. "문장의 처음에 등장하는 N이 3인칭 단수면 V에 '-s'를 붙인다." 오~ '문장의 처음에 등장하는 N'이 바로 주어(S)인 거군요. 그럼 같은 표현을 이렇게 바꿀 수도 있겠네요.

S가 3인칭 단수면 V에 '-s'를 붙인다.

어쩌면 가장 많이 쓰는 단어 'I'를 사전에서 검색해보면 '나는', '내가'라는 결과를 얻을 수 있어요. 어라? 'I'는 '나' 아니었나요? 음… 틀린 말은 아닌데 'I'가 S(주어) 자리에 오면 '-은/는' 혹은 '-(이)가'와 같은 조사[01]가 반드시 붙어요. 정리해볼까요? S엔 '은, 는, (이)가'. 뭐라고요?

S엔 '은, 는, (이)가'

앗! 두 번째라 이미 익숙한 V(동사)

앗! 동사-다(동사는 '-다'로 끝난다는 뜻)! 앞선 품사 소개에서 이미 한 번 만난 적이 있어 제법 익숙하죠? 그러니까 동사 V는 철수가 노래하던 '명사, 동사, 형용사, 부사, 전치사, 접속사~'에도 나오고, 문장 성분을 소개하는 이번 이야기에도 등장하는 거네요? 그만큼 V의 쓰임이 많은가 봐요. 그렇다면 이번엔 '아기 V 3형제'를 만나볼까요? 걱정마요. 무서운 늑대는 등장하지 않아요.

첫째: 벌(bee)처럼 부지런한 Be 동사

개미만큼이나 부지런한 벌. 이렇게나 성실한 '벌'은 영어로 'bee(비)' 지요. V에도 벌과 발음이 같은 'be'가 있는데요, 우린 이 친구를 be V(비 동사)라 불러요. Be V에는 단 3개의 현재 동사만 존재한답니다. Am(이다, 있다, 되다), are(이다, 있다, 되다), is(이다, 있다, 되다). 어? 혹시 오타인가요? 단어는 다른데 뜻이 모두 같네요? 네, 맞아요. 모양 은 달라도 am, are, is 이 세 개 단어는 모두 '이다, 있다, 되다'로 뜻이 같답니다. 덕분에 기억하기는 쉽죠? Be V는 부지런한 만큼 아주 많 이 쓰이니 반드시 기억해 두자고요.

am, are, is '이다, 있다, 되다'

둘째: 그 녀석, 장군(general)감이네~ 일반 동사

이번에 소개할 둘째는 일반 동사인데요, 영어로는 General Verb라 고 해요. 그러니까 'general'은 '일반'이라는 뜻이죠. 그런데 재미있는 건 이 단어가 가진 다른 뜻으로 '장군'도 있답니다. 네, 그 장군 맞아 요. 깜짝 퀴즈~ General Lee는 누구일까요? 힌트 나갑니다. '느릿~ 느릿~' 이 힌트를 보고 정답을 맞힌다면 당신은 센스 왕~. 정답은 바 로~~~ 위대하신 이순신 장군입니다.

앗, 장군 이야기에 너무 꽂혀서 혹시라도 장군 동사로 기억하시면 안 돼요. 장군 동사 아니고 일반 동사가 맞아요. '일반적으로 가장 많 이 쓰이는 동사'라 생각하면 돼요. '일어나다(wake up)', '먹다(eat)', '싸다(pee)', '씻다(wash)', '공부하다(study)', '졸다(doze)', '놀다

(play)', '생각하다(think)', '자다(sleep)' 등 셀 수 없이 많은 일반 동
사가 있답니다.

셋째: 형들~ 내가 앞에서 도와줄게! 동사의 조수, 조동사(HV)

아기 돼지 3형제의 막내처럼 V의 막내, 조동사도 용감하네요? 큰
형인 be V나 작은형 일반 V보다 앞장서 형들을 이끌곤 하지요. 귀여
워선지 기특해서인지 형들은 막내 조동사만 보면 한 발 슬쩍 뒤로
물러난답니다.

이러한 조동사에는 'can(~할 수 있다)', 'may(~할지도 모른다)',
'will(~할 것이다)', 'should(~해야 한다)', 'must(~해야 한다)'와 같
은 단어들이 있어요. 그런데 특이하게 조동사에도 치사하게 앞에 오
는 전치사(Prep)처럼 '지렁이(~)'가 있네요? 맞아요. 조동사는 뒤에
있는 다른 동사(be V 또는 일반 V)와 연결해 그 뜻을 해석하거든요.
몇 개만 만들어 볼까요?

can		be (되다)		can be (될 수 있다)
may		pee (싸다)		may pee (쌀지도 모른다)
will	+	wash (씻다)	=	will wash (씻을 것이다)
should		doze (졸다)		should doze (졸아야 한다)
must		play (놀다)		must play (놀아야 한다)

아하. 그러니까 해석할 땐 조동사의 지렁이(~) 자리에 뒤에 오는
V의 뜻을 넣어주면 되는 거군요. 간단하죠? 이렇게 앞에 나서서 다

른 V를 돕는 조동사를 Helping Verb라고 해요. 다시 말해 'V를 돕는 V'인 거지요.

잠시 팔을 쭉 뻗어 책을 최대한 멀찍이 두고 앞 페이지의 빨간색 글씨만 얼른 한번 훑어보시겠어요? 가장 많이 보이는 글자는 뭔가요? 맞아요. 바로 '다'입니다.

SPEED QUIZ

ⓐ 동사는 뭐로 끝난다?   동사-다!

ⓑ '아기 V 3형제'는 누구?   be 동사, 일반 동사, 조동사!

ⓒ Be 동사 세 가지는?   am, are, is!

ⓓ Be 동사 뜻은?   이다, 있다, 되다!

ⓔ 조동사는 어디 온다?   다른 V 앞!

ⓕ 조동사와 함께 하는 환형동물은?   지렁이!

무엇을? 뭐를? 뭘? '-을/를'이면 목적어(Object)

영희: "나 뭐 샀다~"

철수: "응, 그래."

영희: "무슨 대답이 그래? 뭐를 샀는지 물어봐야지?"

철수: "뭘 샀는데?"

영희: "무선 이어폰 샀다~"

철수: "응, 그래."

오늘도 다정한 영희와 철수입니다. 어떤 V는 뒤에 반드시 '-을/를'로 끝나는 목적어(O)가 필요해요. 만약 '나는(I) 잔다(sleep).'라고 했는데 '뭘 자는데?'하고 물어보면 이상하죠? 하지만 '나는(I) 산다(buy).' 이럼 '뭘 사는데?'하고 물어보는 게 당연하겠죠?

이러한 차이는 바로 V '자다(sleep)'와 '사다(buy)'에서 비롯되는데요, 구분하는 방법은 아주 간단해요. '뭘?' 하고 질문해 말이 되면 V 뒤에 목적어(O)를 넣어주는 거지요. 참, 목적어(O) 역시 주어(S)처럼 N(명사)으로 만들어요. 저는 평소에 목적어(O)로 '자전거'를 자주 활용해요. '나는(I) 좋아한다(like).' '뭘?' '자전거를.' 말이 되지요? 이렇게 확인한 'like'는 뒤에 목적어(O)가 필요한 V[02]인 거랍니다.

02 이렇게 뒤에 O가 필요한 동사를 타동사(VT)라고 불러요. O가 필요 없을 땐 자동사(VI). 사실 이런 문법용어 하나 몰라도 상관없다고 생각해요. 다만 학교와 학원, 책에서 이런 표현을 자주 사용하니 우리도 최소한은 알고 있어야겠죠? 까짓것 외워 줘버립시다!

보충이 필요할 땐 보충제? 아니! 보어(Complement)

'보충'하면 뭐가 생각나시나요? 만약 학원 나머지 공부가 가장 먼저 떠오른다면 당신에게 심심한 위로의 말씀을 전합니다. 꾸준히 운동하고 체력 관리도 열심히 하는 사람들은 보충제도 잘 챙겨 먹겠죠? 이렇듯 보충은 부족한 부분을 채우고 보강하는 역할도 합니다. 문장 성분 중에서도 이런 역할을 하는 게 있는데 바로 보어(C)랍니다.

오케이, 보어(C)가 보충한다는 건 알겠어요. 그런데 뭘 보충할까요? 문장에는 나머지 공부도 건강관리도 필요 없을 텐데 말이죠. 아주 예리한 질문이죠? 맞아요. 그런 보충은 필요 없어요. 문장은 '글'이지요. 글은 무언가를 전달하거나 설명하기 위해 쓰는 거고요. 보어(C)는 앞에 나오는 N(명사)을 보충 설명해줘요. 이 책의 또 다른 주인공, 영희와 철수를 보충 설명해 볼까요?

S	V	O	C	
영희	is		smart.	**영희**는 이다 똑똑한
철수	is		funny.	**철수**는 이다 재미있는
They	are		friends.	**그들**은 이다 친구들
They	call	**each other**	못난이.	그들은 부른다 **서로**를 못난이라고

아하~ 이런 식으로 앞에 있는 N(영희, 철수, 그들, 서로)을 보충 설명하는 거군요. 그렇다면 보어(C)는 무엇으로 만들까요? '똑똑한'이나 '재미있는'처럼 '-ㄴ'으로 끝나는 게 뭐였더라. 생각났나요? 맞아요. 품사 편에 등장했던 A, 형용사랍니다. 그렇다면 '친구들'과 '못난이'의 품사는 뭘까요? 둘 다 이름이니까 N, 명사랍니다.

보어(C)는 앞에 있는 N(명사)을 보충 설명하고
A(형용사)나 N(명사)으로 만든다.

이번 편에선 문장의 핵심 성분인 주어(S), 동사(V), 목적어(O), 보어(C)를 만나봤어요. 주어(S)와 목적어(O)는 명사(N)로 만들고, 보어(C)는 형용사(A) 또는 명사(N)로 만들어요. 물론 V는 똑같으니까 말할 필요도 없겠죠? 짧지 않은 이야기 함께 하느라 수고 많았어요. 시원한 음료수 한 잔 마시고 또 길을 떠나봅시다. 붕붕~

6

다섯 개만 기억하면 만사형통

유튜브 활동을 본격적으로 해보려고 회원 가입을 합니다. 몇 가지 입력하라는데 뻔하겠죠? 아이디, 비번, 이름, 이메일, 연락처 정도 되겠죠. 어떤 사이트든 가입 절차는 큰 차이 없이 비슷한 형식일 거예요. 맨 처음 가입할 때는 조금 헷갈릴지도 모르겠다만 다음부턴 그다지 어렵지 않을 거예요. 이미 그 형식에 익숙할 테니까요.

문장에도 이렇게 이미 정해진 자주 사용하는 '형식' 5개가 있답니다. 만약 우리가 5개의 형식에 익숙해진다면 문장을 해석할 때나 직접 만들 때 상당히 편리하겠죠? 이제부터 익숙함을 만들어 드릴게요.

우리 둘은 하나: S와 V, 1형식

철수: "여기 구슬 두 개가 있어. 각각 S, V라고 쓰여 있는 거 보이지?"

영희: "그런데?"

철수: "내가 마법의 주문을 걸면 하나로 합쳐질 거야."

영희: "그래?"

철수: "아브라카다브라~ 하나로 합쳐져라~ 얍!"

영희: "대박! 진짜 한 개가 됐네? 우와 시시해."

영희와 철수는 아웅다웅하면서도 늘 함께하죠? S(주어)와 V(동사)도 그렇답니다. S와 V 둘이 나란히 있으면 1형식이라 불러요.

$$S\,V = 1형식$$

이렇게 만들어 둔 1형식(S V)은 다음에 소개할 모든 형식의 앞자리를 차지한답니다. 말하자면 1형식은 모든 형식의 기본인 셈이지요.

'-은/는'   '-다'   (보충)   '-에게' '-을/를' '-라고'

1형식	S	V
	I	dance.
	나는	춤춘다

벌(Bee) 두 마리가 춤을 춥니다: Be 다음엔 C, 2형식

벌(Bee)을 닮은 Be V. 기억하시죠? Be V는 2형식의 대표 동사랍니다. 래퍼 철수를 소개합니다.

철수: "Drop the beat! 두~움 타! 둠 타타!

벌~이 두 마리! 벌~은 Bee!

B~는 두 번째! Be~는 두 글자!

Be와 C도 두 글자! 그래서 두 형식! (어라? 이게 아닌데?)

두 형식~ 아니고! 2형식~ Yeah! (찢었다. 헉~ 헉~)"

와~ 짝짝짝. 영희가 안 보길 천만다행이네요. 2형식이 궁금할 땐 리듬을 흥얼거려 보세요. 몇 번 따라 까불다 보면 자다가도 생각날 거예요.

2형식 한 번 만들어 볼까요? 일단 1형식의 S V를 가져오고, 다음엔 어떡해야 할까요? 위에 있는 엉망진창 랩에 엄청난 비밀이 숨겨져 있는데요, 혹시 찾으셨나요? 그건 바로 'Be와 C'랍니다. 겨우 이게 비밀이라고요? 네, 겨우 'Be와 C', 이게 비밀인 거 맞아요. 2형식은 '1형식'에 'Be와 C(보어)'를 더해 만든답니다.

$$\frac{S + V + Be + C}{Be\ V}$$

S Be V C = 2형식

아하~ 그러니까 2형식은 S (Be) V에 C(보어)만 붙여주면 만들 수 있는 거군요! 진짜 쉽네요. C(보어)는 뭐로 만든다? 90%의 A(형용사)와 10%의 N(명사)~ 응? 90%, 10%는 또 무슨 소리일까요? 그만큼 C(보어) 자리엔 A가 자주 온다는 뜻이랍니다. 그래서 저도 오프라인 강의에선 간단히 be 뒤엔 A(형용사)라고 말해요.

	'-은/는'	'-다'	(보충)	'-에게'	'-을/를'	'-라고'
1형식	S	V				
2형식	S	V	C			
	We	are	happy.			
	우리는	이다	행복한			

뭐를 고를까? O레O, O감자, O예스: 오(O)를 원하면 3형식

춤도 추고, 행복하고, 기분도 좋으니 입도 즐겁게 무엇을(O) 좀 먹어 볼까요? 마트에 가니 O레O, O감자, O예스가 보이네요. 'O(오)'가 들어간 건 다 맛있어서 고민입니다. 저는 과연 무엇을 집어 왔을까~요? 정답은 페이지 아래[03]에 있어요.

저는 시원한 오(O)이를 고추장 찍어 먹는 게 참 맛있더라고요. 네, 옛날 사람이라 그래요. 근데 한 번 잡숴 봐요. 겁나 맛있어. 뜬금 세상에 외쳐 봅시다!

"나는 오이를 좋아해!"

나는 좋아한다(like). 뭐를(목적어)? 오(O)이를! 'Like'는 O(목적어) '-을/를'을 필요로 하지요? O(목적어)가 필요하면 3형식.

S V O = 3형식

03 여기 마트에서 사온 거 ☞

	'-은/는'	'-다'	(보충)	'-에게'	'-을/를'	'-라고'
1형식	S	V				
2형식	S	V	C			
3형식	S	V			O	
	I	like			cucumber.	
	나는	좋아한다			오이를	

너에게 내 모든 걸 주겠어. 헐, 목숨도? 죽을 사, 4형식

음악: (My heart will go on)

철수: "이러다 둘 다 죽어. 당신만이라도 살아남아야 해."

영희: "이 바보야. 너 없이 그게 무슨 소용이야. 흑흑."

철수: "행복했어. 다만 마지막 소원이 하나 있어."

영희: "뭔데? 뭐든 말해봐. 어서."

철수: "상장 하나만 줘. 한 번도 못 받아 봐서."

영희: (대략난감)

그 상장 제가 주고 싶네요. 뜨거운 운동장에 학생들이 서 있습니다. 앞쪽 단상에 교장 선생님과 학생 몇몇이 보이네요. 쩌렁쩌렁 학교 마이크 소리가 울려 퍼집니다. "어쩌고저쩌고 한 이유로 개똥이에게 상장을 수여합니다." 이때가 박수칠 타이밍이죠. 짝짝짝. '이제 좀 끝나라.'

'수여하다,' 어떤 한자인지는 몰라도 분명 주는 거는 틀림없죠. 그냥 '줍니다' 이럼 안 되나? 하지만 덕분에 여러분은 아주 중요한 문법 용어 하나를 손쉽게 익힐 수 있어요. '주다'의 뜻을 가진 'give'라는 V는 4형식의 대표 동사인데 이게 바로 '수여동사'랍니다. 한마디로 '주는 동사'인 거지요. '-주다'로 말이 되면 전부 수여동사.

영희(는)	gives(준다)	철수(에게)	상장(을)
S	V	O_1	O_2

철수의 마지막 소원을 잊지는 않으셨죠? 철수의 소원을 이루는데 단 4개의 단어면 충분해요. S(은/는), V(-다), O(을/를) 모두 제법 익숙하군요. 그런데 '(에게)'는 뭘까요? 네, 바로 수여 받는 대상이지요. 다시 말해 상장을 받는 사람인데요, 이 또한 O(목적어)랍니다. 그러니까 4형식인 수여동사는 O가 두 개 필요한 거예요. 'O_1에게 O_2를 수여합니다.'

O_1과 O_2를 각각 간접 목적어(에게), 직접 목적어(을/를)라고 부르는데 명칭은 중요하지 않아요. 그냥 '사람이 앞에 온다.' 정도로만 기억하면 충분해요. 순서를 바꿔 '상장에게 철수를 주면' 좀 웃기잖아요.

주다(give), 말해주다(tell), 보내주다(send), 사주다(buy), 만들어주다(make), 가져다주다(bring), 보여주다(show) 등 수 많은 4형식 수여동사는 모두 '주는 동사'로 기억해주세요.

$$S \; giVe \; O_1 \; O_2 = 4형식$$

'-은/는'	'-다'	(보충)	'-에게'	'-을/를'	'-라고'
1형식 S	V				
2형식 S	V	C			
3형식 S	V				O
4형식 S	V		O	O	
I	give		you	squid.	
나는	준다		너에게	오징어를	

오늘부터 오빠를 오징어라 부르겠어: 불러라~ 불러라~ 5형식

영희: "어? 살아 있네?"

철수: "뭐래."

영희: (뭐지?) "아무튼, 오늘부터 오빠는 오징어야."

철수: "내가 오빠야?"

영희: "아 몰라, 이 오징어야."

5형식을 소개할 순간이 되니 많은 '오(5)'가 등장하는군요. 그나저나 영희는 변덕쟁이야~

영희(는)	calls(부른다)	철수(를)	오징어(라고)
S	V	O	C

S V O는 3형식. 그런데 C(보어)가 하나 더 붙어 있네요? 뭘 보충하려고 등장한 걸까요? C(보어)는 앞에 있는 N(명사)을 꾸민다고 했는데 그럼 영희 = 오징어? 아니죠, 철수가 오징어죠. 이렇게 C(보어)는 바로 앞에 있는 N(명사)을 꾸며 준답니다.

S V O C = 5형식

4형식과 5형식에 필요한 최소 단어의 개수가 4개로 똑같아서 자주 헷갈리는 모습을 보는데요, 구분 방법은 아주 간단해요. 마지막에 있는 단어 두 개가 같은지 다른지 보면 돼요.

영희(는)	gives(준다)	**철수(에게)**		**상장(을)**
S	V	O	≠	O
영희(는)	calls(부른다)	**철수(를)**		**오징어(라고)**
S	V	O	=	C

철수, 상장, 오징어 모두 N(명사)인데요, 철수와 상장은 서로 다른데(4형식) 반해 철수와 오징어는 같죠(5형식). 이런 식으로 구분하면 돼요. 철수에게는 좀 미안하지만 아무튼 흠~ 그렇습니다.

	'-은/는'	'-다'	(보충)	'-에게'	'-을/를'	'-라고'
1형식	S	V				
2형식	S	V	C			
3형식	S	V			O	
4형식	S	V		O	O	

5형식	S	V		O	C
	You	call		me	honey.
	너는	부른다		나를	꿀이라고

6개의 썰을 지나 이곳까지 무사히 도착한 여러분께 칭찬과 격려의 박수를 보냅니다. 영희, 철수도 함께요. "와~ 짝짝짝!!!" 사실 가벼운 느낌을 주고 싶어서 '썰'이라는 표현을 빌렸지만, 이번 장에서 소개한 내용은 마르고 닳도록 중요하답니다. 영어 공부할 때 너무 중요한데도 자주 까먹는 내용이기도 하고요.

우리는 언제든 잊을 수 있어요. 괜찮아요. 자주 사용하지 않으면 누구나 다 잊는 법이랍니다. 엄청 오랫동안 공부해온 저도 맨날 까먹는데요 뭐. 다만 책을 가까이 두고 자주 펼쳐 보세요. 그걸로 충분해요. 할 수 있다!

기호야~ 놀자! ( ), V, S, +, /

이제 본격적으로 기호와 친해질 시간입니다. 기호의 존재 이유는 어려운 문법을 쉽게 이해하고 활용하기 위해서예요. 그래서 기호는 절대 어렵지 않아요. 기호는 쉽다~ 기호는 재밌다~ 기호와 함께라면 고독마저 감미롭다~ 네, 맞아요. 지금 가스라이팅 중이에요. 여러분의 미래를 바꿀 8개의 기호를 소개합니다.

$$( ), V, S, +, /, \triangle, =, \frown$$

이 중에는 단독으로 사용하는 기호도 있고 여러 개가 함께 어울려 다니는 기호도 있답니다. 또 두 개 이상의 의미로 사용되는 기호도 있고요. 그 중 첫 번째 **'지렁이(~)'**를 소개합니다.

1 지렁이 '~'와 친해지기

어라? 지렁이 뭔가 익숙한데 어디서 만났더라? 맞아요, '치사하게 앞에 오는 전치사(Prep)' 이야기(Chapter 1의 2)에서 한 번 인사했어요. '~ = 지렁이 = 전치사 = 치사하게 앞에 오는'은 모두 같은 거죠. 단어의 뜻을 검색해보면 '지렁이(~)'가 있고 우리말과는 반대로 앞에 오는 지렁이.

$$집에 = home\ at(\sim) = at(\sim)\ home$$

At home처럼 prep(전치사)와 N(명사)가 함께 있는 걸 '전명구'라고 불러요. 만나면 반갑다고 ( ) 괄호를 그려 주세요.

$$at\ home = (at\ home)$$

그러니까 지렁이(~)가 보이면 '아, 괄호 쳐야지' 하고 마음의 준비를 하면 돼요. 그럼 전명구는 항상 두 단어일까요? 그렇지 않아요. 전명구 역시 복잡하고 길게 만들자면 한도 끝도 없답니다. 중요한 건 일단 전치사(~)로 시작해 N으로 끝나는 것만 잘 기억하면 돼요.

( )를 잘 찾으려면 무엇보다 지렁이(~)와 친해져야겠죠? 문제는 사전을 봐도 뜻이 죄다 비슷해 뭐가 맞는지 알 수가 없다는 거예요. 예를 들어 아주 흔한 지렁이(~) 삼총사로 in, on, at이 있는데요. 사전의 뜻을 보면 모두 '~에'로 의미가 같아요. 이래선 곤란하죠. 기껏 검색했더니 뜻이 다 같으면 뭘 써야 할까요?

일단 여러분은 단어 하나 기억해 주세요. 'Internet', 인터넷. 기억하기 쉽죠? 그런데 발음이 좀 별로네요. 고쳐드릴게요. 따라 해보셔요. '이너넷~ 이너넷~ 이너넷~'

Internet = 인터넷 = 이너넷 = Inonat = In on at

올라프가 부럽니다. '인' 써머~~~ (with 시간 막대기)

자~ 날이면 날마다 오는 막대기가 아닙니다. 이건 보통 막대기가 아니랍니다. 소개합니다. '시간 막대기!' 짜잔~

0 ——————————————————————— 365

이 막대기는 시간을 보여줘요. 아하~ 365일의 시간을 보여주는군요. 시간 막대기로 만들 수 있는 가장 큰 시간의 단위는 뭘까요? 빙고! 바로 1년(year)이죠. 이번엔 마술을 부려 마디를 만들어 보겠습니다. 아브라카다브라~

시간 막대기에 4개 마디가 생겼네요. 질문 나갑니다. 1년에 4개 있는 것은? 거기 왼쪽 뒤에 앉아 계신 꼬마 숙녀분? "계절(season)?" 정답입니다! 똑똑하시군요. 우리에겐 봄(spring), 여름(summer), 가을(fall), 겨울(winter), 4계절이 있지요. 아주 좋아요. 그럼 한 번 더 마법을 부려 볼까요?

자, 이번 시간 막대기의 한 칸은 무엇을 의미할까요? (힌트. 몇 칸 인지 잘 세어 보세요.) 이번엔 모두 함께 외쳐 볼까요? "달!" "월~." 모두 정답입니다. 1년에 12번 있는 걸 보아하니 달/월(month)이네요. 모두 잘하셨어요.

지금까지 여러분에게 시간 막대기를 통해 보여드린 년도(year), 계절(season), 달(month)은 열 번 넘게 쪼갰지만 제법 잘 보이지요? 이렇게 커다란 시간의 단위 앞에 쓰는 전치사, 지렁이(~)는 바로 'in'이랍니다. 귀여운 올라프가 부르는 '(in summer)', 꼭 한번 들어 보셔요.

(in 년도(year), 계절(season), 달(month))

하루 '온' 종일

　이번 문제는 좀 더 까다로워요. 첫 번째 칸을 정확히 '00개'로 나눠 보았습니다. 자, 여기서 '00개'는 과연 몇 개일까요? 잘 보이지 않아서 어렵나요? 힌트 나갑니다. 우린 지금 계속해서 시간의 단위를 줄여가고 있답니다. 자, 과연 정답은? 두구두구두구…

　바로 '30개'입니다. 그래야 '하루'가 되거든요. 그럼 시간 막대기 전체에는 365개의 칸이 생기겠군요. 시간 막대기 이야기를 만들어 가고 있는 오늘은 15일(일요일)이에요. 만약 '15일에'라는 말을 만들고 싶다면 (on 15th.)라고 하면 돼요. 그럼 '일요일에'는요? 역시 (on Sunday). 날짜든 요일이든 하루는 온(on) 종일!

(on 날짜(date), 요일(day))

몇 시'엣'? (오타 아님 주의)

　마지막 단위는 너무 작아 보이지가 않아서 화살표로 표시했어요.

　화살표는 무엇을 가리키고 있을까요? 모두 골똘히 생각하는 이

순간, 시곗바늘 소리가 제법 크게 들리는군요. 똑딱똑딱. 네~ 바로 시간(time)입니다. 시간 막대기를 보이지 않는 시간이 끊임없이 달려가고 있군요. 제 시계는 지금 9시 17분을 가리키고 있답니다. '9시 17분에'는 (at 9:17). 기억해 주세요. 몇 시엣(at)?

(at 시간(time))

이너넷 삼각형

지금까지 시간 막대기를 이용해 시간의 크기와 어울리는 지렁이들을 확인해 봤어요. 지금 소개할 '이너넷 삼각형'은 그 모든 내용을 한방에 정리해 보여준답니다.

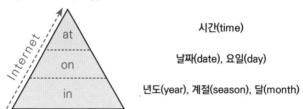

꽝장하죠? In과 on, at이 들어가 있는 각각의 공간을 잘 보셔요. In은 가장 큰 공간에, at은 가장 작은 공간에 있죠? 그걸 시간의 크기와 연결해 생각하면 돼요. 시간의 단위 역시 아래에서 위로 올라가면서 3개, 2개, 1개로 줄어들고 있어요. 아주 기억하기 쉽게 만들었으니 잘 사용하세요. 그런데 이런 경우엔 어떻게 해야 할까요?

철수: "야, 우리 타임캡슐을 만들어 2030년 1월 1일에 열어보자."

영희: "그래, 살아 있으면."

'2030년 1월 1일 12시 정각에.' 어라? 이거 뭔가 좀 곤란한데요? 2030년이나 1월은 'in', 1일은 'on'인데 그럼 둘 다 써야 할까요? 이럴 경우를 대비해 보험을 들어뒀지요.

'지렁이 삼각형' 왼쪽을 보면 사선을 타고 올라가는 화살표가 있죠? 그게 in on at의 위치도 알려주지만 동시에 여러 시간 단위가 나타나는 경우 무엇을 써야 하는지도 알려준답니다. 지금처럼 'in'과 'on' 두 개의 '~'가 나타나는 경우 화살표의 위에 있는 'on'이 우선권을 갖는 거죠. 이처럼 위에 있는 지렁이가 항상 이겨요. 작은 지렁이가 맵다!

2030년 1월 1일에 = (on January 1st, 2030)

하루도 쪼개보자!

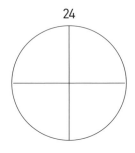

동그라미와 십자가가 만났어요. 정확히 4인분, 아니 4등분이 되었죠? 지금부터 이 동그라미는 하루 24시간입니다. 그럼 각각의 칸은 무엇을 의미할까요? 여러 표현이 가능하겠지만 어림잡아 오전, 오후, 저녁, 밤(꿈나라)으로 나눌게요.

아까 '시간 막대기'를 4개로 나누어 계절을 만든 걸 기억하시죠? 그리고 그때 지렁이는 'in'을 사용했어요. 여기서도 하나의 원을 4등분했으니까 마찬가지로 'in'을 사용하면 돼요. '오전에(in the morning)', '오후에(in the afternoon)', '저녁에(in the evening)' 이렇게요. 그런데 말입니다, 희한하게도 '밤에'는 '(at night)'을 사용한대요. 참 이상하죠? 왜 똑같은 시간의 크기인데 '밤'은 'in'이 아닌 'at'을 사용할까요?

그건 바로 상대적인 시간의 길이가 짧아 그런 거 아닐까요? 오전에 학교 가면 시간이? 길어~. 오후 학교 시간도? 길어~. 저녁에 학원 가면? 겁나 길어~. 그런데 밤에 자려고 눈 잠깐 감았다 바로 뜨면? 어라, 벌써 아침이네? 짧아. 겁나게 짧아. 길~면 in, 짧으면 at.

지금까지 이너넷(Inonat)을 활용해 시간과 관련된 단 세 개의 지렁이(in, on, at)만 만나보았지만, 전치사, 지렁이(~)를 이해하는 데 이 정도면 충분하리라 생각해요. 세상엔 다양한 지렁이가 있고 앞으로 등장할 때마다 자연스레 소개할 테니 반갑게 맞아주세요. 아! 그냥 마치면 아쉬우니 제가 가장 좋아하는 지렁이 한 마리 보너스로 소개해드릴게요. 'With(~와 함께)'. 이걸 왜 좋아하냐면 어감이 좋거든요. '지렁이와 함께.'

2

뼈대의 핵심: V와 S

V와 S, S와 V는 자주 만나니 제법 친숙하죠? 1장에서 만나보았던 '품사'와 '성분'을 잠시 소환해볼게요. 품사(Chapter 1의 2)는 '~사' 자로 끝나는 거였죠? 'N(명사), V(동사), A(형용사), Ad(부사), ~(전치사), +(접속사).' 그리고 성분(Chapter 1의 5)은 'S(주어), V(동사), O(목적어), C(보어).'

아직 품사와 성분에 낯선 느낌이 든다면 잠시 돌아가 다시 읽어보는 것도 추천해요. 처음보다 두 배는 더 빨리, 더 쉽게 읽을 수 있을 거예요. 독서라는 게 원래 보면 볼수록 더 쉬워진답니다.

품사와 성분을 한자리에 모은 이유는 품사로 성분을 만들어내기 때문이에요. 간단히 정리해볼까요?

품사		성분
N	=	S, O, C
V	=	V
A	=	C

한눈에 보기 좋네요. N(명사)으로 만들 수 있는 성분이 가장 많군요. V(동사)는 품사와 성분이 같으니 외울 것도 없고요. A(형용사)로

는 C(보어)를 만들어 낼 수 있네요.

그런데 'Ad'와 '~', '+'는 어디 눌러 갔는지 보이지 않죠? 바로 이 세 친구가 문장을 만드는데 꼭 필요한 필수 성분은 아니기 때문이랍니다. 다시 말해 부사와 전치사, 접속사가 문장에 꼭 있어야 하는 건 아니라는 거죠. 반면에 S와 V는 Chapter 1의 6에서 소개했듯 다섯 개의 모든 '형식'에 들어있어요. 그만큼 중요하답니다.

그런데 혹시 이거 궁금하지 않으셨나요? 저는 왜 S V라고 하지 않고 군이 뼈대의 핵심을 V와 S라고 소개했을까요? 일부러 순서를 바꿔서 말이죠. 다 그럴만한 이유가 있답니다.

대부분 문장은 S로 시작해요. 명사로 만들어내는 S는 기껏해야 단수(1개) 혹은 복수(2개 이상)로 형태가 아주 단순하답니다. 예를 들면 '철수' 혹은 '철수들(s)'처럼 말이죠. 그런데 V는 형태의 변화가 아주 다양해요. 비슷하게 닮은 사촌들(Chapter 5)도 많고요. 그렇다 보니 단순한 형태의 N과는 달리 V를 찾는 일은 생각보다 까다로울 수 있답니다. 학년이 올라가며 만나게 되는 문장이 복잡해질수록 V는 다양하게 변신해요. V인 듯 V가 아닌 V의 사촌들 이야기(Chapter 5)는 나중에 하고 지금은 일단 V의 변화를 소개할게요.

나를 잊지 말아요: 부드러운 '이(e)', '-s'에서 '-(e)s'로

S가 3인칭 단수면 V에 '-s'를 붙이죠? 이렇게 '-s'가 붙은 V를 '단수 동사'라 해요. 그런데 가끔 '-s'가 아닌 '-es' 붙는 경우를 볼 수 있

어요. 'Goes'처럼 말이죠. 왜 'gos'가 아닌 'goes'일까요? 그건 바로 'go'라는 단어가 '-o(오우)'라는 부드러운 소리로 끝나기 때문이에요. 소리는 비슷한 친구들끼리 모이는 습성이 있거든요. 이러한 이유로 부드러운 '고우' 다음에는 날카로운 'ㅅ'가 아닌 부드러운 'ㅈ'이 자리해 '고우ㅈ'가 되는 거죠. 이런 소리의 특징을 참고해 단수 동사 '-s'와 '-es'를 한 번에 정리하면 다음과 같은 결론을 얻을 수 있어요.

S가 3인칭 단수면 V에 '-(e)s'

시간을 달리는 V

영희: "난 네가 지난여름 한 일을 알고 있다."
철수: "나 올해 태어났는데?"

지금 보니 철수는 언어 신동이었네요. 시간은 어디에서 출발해 어디로 가는 걸까요? 대단히 심오한 질문이죠? 하지만 저는 분명한 답을 알고 있답니다. 시간은 왼쪽에서 오른쪽으로 간답니다. 즉, 과거에서 출발해 미래로 가는 거지요.

| 과거(past) | 현재(present) | 미래(future) |

'사랑했다(loved)', '사랑한다(love)', '사랑할 것이다(will love)'처

럼 우리말의 동사나 영어의 V는 '시제(시간의 제약 – 과거, 현재, 미
래)'에 따라 형태가 달라져요. 보통 V의
과거형은 '-(e)d[04]'를 붙여 만들어 줘요.
하지만 '먹는다(eat)'와 '먹었다(ate)'처럼 불규칙 과거 형태도 아주
많으니 완전히 익숙해지기 전까진 사전을 통해 변화 형태를 확인하
는 습관을 꼭 들이세요.

　V의 과거형을 만들 때 실수했다고 절대 의기소침할 필요 없어요.
원어민 아이들조차 어렸을 땐 '먹었다'를 'ate'가 아닌 'eated'로 적곤
한답니다. 그저 사전을 보고 과거형을 찾아 적을 수 있으면 충분해
요. 절대! 처음부터 모든 걸 다 외우려 하지 마세요. 암기보다 이해에
서 모든 게 시작된답니다.

　V의 미래형은 또 어떻게 만들까요? 이건 엄청 쉬워요. 그냥 동사
의 조수, 조동사 'will(~할 것이다)'만 V 앞에 써주면 돼요. '사랑할 것
이다(will love)'처럼 말이죠.

　여기 한 가지 조심해야 할 게 있어요. S가 3인칭 단수면 뭐다? V에
'-(e)s'를 붙인다! 여기까지는 잘 기억하시죠? 그런데 이 규칙을 과
거와 미래 V에도 마구 사용하는 경우가 있는데 그러면 안 돼요. 단수
동사(V + '-(e)s')는 현재시제에만 해당해요. 과거형(ates)이나 미래
형(will~~loves~~)에 '-s'를 붙여선 절대 안 돼요! NEVER!

S	V
은/는	-다

3

너와 나의 연결고리

영어엔 3개인 것이 참 많아요. 인칭은 1인칭, 2인칭, 3인칭. V는 be 동사, 일반동사, 조동사. 시제는 과거, 현재, 미래. +는 대등, 종속, 상관.

앞뒤가 똑같은 대등접속사(+)

철수: "너와 나의 연결고리 yeah~"

영희: "뭐라는 거야?"

철수: "씹고 뜯고 맛보고 yeah~"

영희: "얼씨구?"

철수: "예쁘고 사랑스러운 yeah~"

영희: "너 자꾸 까불고 그러다 맞고 yeah~"

철수: "쳇."

왜인지 신난 철수, 내일의 래퍼를 꿈꾸나 봅니다. 너(you)와 나(I) 처럼 두 개 이상의 단어를 연결할 땐 +(접속사)(Chapter 1의 2)가 필요해요. +를 사용하는 규칙은 아주 간단하답니다. 그저 +를 중심으로 앞, 뒤가 같으면 돼요. 그런데 +가 절구도 연결할 수 있는 거 아시나요?

끙끙. 좀 무겁지만 여러분을 위해 절구를 하나 가져왔어요. '절'과 '구'는 '글의 덩어리'를 뜻해요. 둘 다 최소 두 개 이상의 단어로 이루어져 있는데요. 큰 차이가 하나 있답니다. '절'에는 반드시 V가 있어야 하고, '구'에는 절대 V가 있으면 안 돼요. '절'은 5개 형식을, '구'는 전명구를 떠올리면 차이를 이해하기 쉬울 거예요.

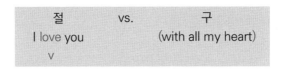

절과 문장은 서로 닮았지만 결정적인 차이가 하나 있어요. 문장은 반드시 대문자로 시작해 마침표(.)로 끝나야 한답니다. 정말 '.' 하나만큼 작은 차이죠?

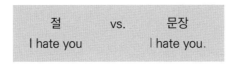

절구와 문장의 의미도 배웠겠다, 이제 본격적으로 +의 연결을 알아봅시다. +가 연결하는 가장 작은 단위는 알파벳이고 가장 큰 단위는 '절(S V)[05]'이랍니다. 이때 '절'은 1형식(S V)부터 5형식(S V O C)까지 뭐가 오든 상관없어요. 그러니

까 가운데는 +, 앞뒤에는 알파벳이나 단어, 구(단어 두 개 이상), 절이 나란히 등장하면 되는 거지요.

알파벳	a	+	b
단어	you	+	I
구	(with memories)	+	(without them)
절	I remember you	+	I miss my friends

정말 + 앞뒤가 같네요? 그러니까 뭐든 같은 게 오기만 하면 되는 거군요. 더하고 싶은 게 3개 이상일 때도 있겠죠? 그럴 때는 계속 연결해 쓰면서 맨 마지막 앞에만 +를 두면 돼요.

1	+	2
1, 2	+	3
1, 2, 3	+	4
1, 2, 3, 4	+	5

이렇게 사용할 수 있는 +(대등접속사)에는 and, but, or, so[06]가 있답니다. And, but, or는 아무거나 다 연결

할 수 있고 'so'는 절(S V)과 절(S V)만 연결할 수 있답니다.

넌 내꺼 종속접속사(+)

철수: "넌 내게 종속되었어."
영희: "아까부터 매를 버는구나."
철수: "하하하, 미안!"

아마 철수는 맷집이 아주 좋은가 봐요. '종속'이란 단어는 또 어디서 배워 써먹는지 모르겠네요. '종속'이란 한 마디로 '딸려 있다' 정도로 이해하시면 돼요. 그러니까 일종의 부하, '주인과 종'의 관계라는 거죠. 기호에도 종속의 관계가 있을까요?

만약(+) 철수가 까불면, 영희는 응징한다.
영희는 응징한다 만약(+) 철수가 까불면.

'만약(+)'이라는 +를 기준으로 문장의 앞뒤가 바뀌었지만, 해석이 달라졌나요? 아무 차이도 없죠. 기호로 살펴봅시다.

$$+ S_1 V_1, S_2 V_2$$

빨간 색과 검은 색의 자리를 서로 바꿔볼까요?

$$S_2 V_2 + S_1 V_1$$

이건 무슨 뜻일까요?

$$+ S_1 V_1, S_2 V_2 = S_2 V_2 + S_1 V_1$$

'+ $S_1 V_1$'이 앞에서 뒤로 이동해도 문장의 의미는 똑같답니다. 함께 이동 가능한 +와 바로 뒤에 있는 절($S V$)은 하나의 세트(set)군요. 그렇다면 이런 구분이 가능하겠네요.

$$\underset{\text{set}}{+ S_1 V_1,} \underset{\text{set}}{S_2 V_2} = \underset{\text{set}}{S_2 V_2} + \underset{\text{set}}{S_1 V_1}$$

이제 '주인과 종'을 찾아봅시다. '+ $S_1 V_1$'과 '$S_2 V_2$' 중 혼자 있어도 문제가 없는 건 어느 쪽일까요? 하나의 절인 '$S_2 V_2$'는 혼자 있어도 문제없겠죠? 하지만 혼자 있는 '+ $S_1 V_1$'은 어떤가요? +가 연결해야 할 대상이 없죠?

$$+ S_1 V_1, S_2 V_2$$
$$+ S_1 V_1, \cancel{S_2 V_2}$$

드디어 '주인과 종'의 관계를 찾는 순간입니다. 세트 하나가 혼자 있어도 되는 '$S_2 V_2$'는 '주인(주절)', 혼자선 어색한 '+ $S_1 V_1$'은 '종(종속절)'이랍니다. 이렇게 주인과 종, 주절과 종속절의 관계를 만들어 주는 +를 종속접속사라 해요. 자주 사용하는 종속+로는 when, because, if, while, since[07] 등이 있답니다.

07 when(~때), because(왜냐하면 ~때문에), if(만약 ~라면), while(~하는 동안), since(~이래로)

넌 혼자가 아냐! 상관접속사(+)

철수: "네가 무슨 상관이야!"

혼자 왜 이러는 걸까요? 철수가 많이 심심한가 봐요. 대등과 종속의 경우 하나의 +가 앞뒤를 연결하지요. 그런데 상관접속사(+)엔 '상관'이 있어요. 즉, 나 이외에 상대방이 또 하나 있어야 한다는 거지요. 그렇다 보니 두 개의 단어가 쌍으로 활동한답니다.

□ A □ B
+

A와 B를 연결하기 위해 두 개의 □가 자리 잡은 거 보이죠? 이렇게 상관+는 두 개의 단어가 함께 다녀요. +는 뒤에 있는 상자 아래에만 그려주면 돼요.

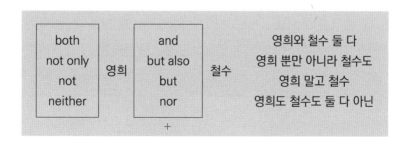

SPEED QUIZ

ⓐ +가 하는 일은?   앞뒤를 연결한다!

ⓑ +의 종류는 몇 개?   be 동사, 일반 동사, 조동사!

ⓒ 대등+가 연결하는 가장 작은 단위는?   알파벳!

ⓓ 대등+가 연결하는 가장 큰 단위는?   절(S V)

ⓔ 절과 구의 차이는?   구에는 V가 없다!

ⓕ 종속+의 위치는?   가운데 또는 맨 앞!

ⓖ 상관+는 몇 개로 만든다?   2개!

to와 R

철수: "와, 알(R)이다. 여기서 뭐가 나올까?"

철수: "참새? 뻐꾸기? 독수리?"

영희: "아니. 현재V, 단수V, 과거V, 미래V, 진행형(-ing), 분사(p.p)"

철수: "뭐라는 거야???"

요즘 많이 당한 영희의 지식 복수네요. 그나저나 알(R)에서 저런
것들이 어떻게 나온다는 걸까요?

뿌리(Root)를 찾아서

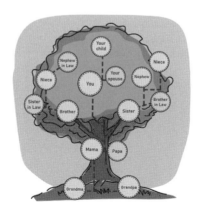

이 나무로 말할 것 같으면 한 집안의 모든 가족의 관계를 보여준다는 패밀리 트리(family tree)군요. 영화 장면에도 가끔 등장해서, 본적이 있어요. 할머니, 할아버지로 시작해 나를 거쳐 나의 아이까지 자라나는 게 인상적이네요. 뿌리(Root)에서 시작해 몸통을 지나서 가지로, 잎으로 뻗어 나가는 화목한 가족의 모습이 떠오르네요.

뿌리(Root) 자리에 할머니, 할아버지 대신 V를 놓으면 무슨 일이 생길까요? 바로 V 나무가 태어난답니다.

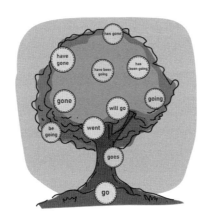

'Go'라는 V를 뿌리(R)에 넣으니 수많은 자식이 태어났네요. 슬슬 감이 오나요? 뿌리는 Root, Root는 R, R은 알, 알에선 수많은 V가 태어나고. 아하, 그래서 영희가 그런 대답을 했던 거군요.

이렇게 뿌리(R) 자리에 들어가는 V를 동사원형(동사의 원래 형태)이라고 불러요. 그리고 동사원형은 R이라 불러요.

동사원형 = R

거침없이 슬래쉬(/)

R 앞에 to가 등장하는 일이 많아요. 'to R' 이렇게 말이죠. 그럼 가차 없이 /(슬래쉬)로 잘라주세요. /to R은 'to 부정사'랍니다. 이름을 보면 뭔가 '부정'적일 것 같은데 사실 그렇지 않아요.

> 부정사 = 품사가 정해지지 않음(不:아닐 부)
> 　　！　←　　　←

뜻풀이를 뒤에서 앞으로 다시 읽어보면 '부정사'라는 단어가 생기 지요? '부정사'는 문장에서 어떤 품사 역할을 할지 아직 정해지지 않 은 품사로 이해하면 돼요.

아직 역할이 정해지지 않은 'to 부정사'는 3개의 품사(N, A, Ad)로 변신이 가능해요. 'Respect'라는 R(동사원형)과 to를 결합해 확인해 볼까요?

> I respect your idea. 나는 존중한다 당신의 생각을
> S　V

평소 respect는 V 자리에서 '존경하다, 존중하다'의 뜻으로 사용돼요.

N '-것'

> /To respect you is my duty. 당신을 존중하는 것은 이다 나의 의무
> S(n)　　　　V

하지만 이렇게 N(명사)이 있어야 할 S자리에 to와 함께 등장하면 그 순간 품사가 N으로 변해요. 해석도 '-것'으로 변하면서 말이죠.

A '-ㄴ/ㄹ'

The person /to respect you is me. 당신을 존중하는 그 사람은 이다 나
s(n)　　　　　a　　　　v

앞에 있는 N(그 사람)을 to R이 뒤쪽에서 꾸며 주고 있어요. N을 꾸미는 건 A(형용사)였죠? 보통 A는 앞에서 뒤에 있는 N을 꾸미는 데 to R은 뒤에서 앞에 있는 N을 꾸며 주는군요. 이렇게 사용하는 to R의 A는 '-ㄴ/ㄹ'로 해석 해주면 된답니다.

Ad '-위해'

I came here /to respect you. 나는 왔다 여기에 당신을 존중하기 위해
s　v　　　　　　　ad

'I came here.'만으로도 해석이 충분하죠? 그럼 'to respect you' 는 꼭 필요한 건 아닌, 부가적인 단어들이 된답니다. 이렇게 부가적으로 쓰이는 품사를 부사(Chapter 1의 2)라고 불러요. 해석은 '-위해'라고 해주면 돼요.

SPEED QUIZ

ⓐ R이 뭐다?　　　　　　　　　　　　　　　　　　　　　동사원형!

ⓑ to R은?　　　　　　　　　　　　　　　　　　　　　　to 부정사!

ⓒ to R의 세 가지 역할은?　　　　　　　　N(-것), A(-ㄴ / ㄹ), Ad(-위해)!

기호야~ 놀자! △, /, =, ⌐

이번 장에선 8개의 기호 중 나머지 △, /, =, ⌐ 기호들을 만나게 될 거예요. 이번에 등장하는 /는 앞서 만나본 to R의 /와 모양은 같지만, 의미는 완전히 다르답니다. + 역할을 하는 △, /, = 그리고 해석 방향을 보여주는 ⌐, 만나보시죠.

1

앞, 뒤가 모두 다른 that의 화려한 변신

지금부터 이야기하는 that은 '그것, 저것'을 의미하지도, that boy, that girl처럼 '그 소년, 저 소녀'를 뜻하지도 않아요. 기호로 만나게 될 that은 접속사인 +의 한 종류랍니다. 다시 말해 절(S V)과 절(S V)을 연결하는 거지요. 이렇게 사용하는 +(접속사) that에는 세 가지 종류(△, /, =)가 있어요.

① N that X
② N̶ that O
③ N that O

약간의 설명이 필요하겠네요. 일단 that 앞에 있는 N은 당연히 명사를 뜻하겠죠? ②번의 N에는 빨간 취소선이 그어져 있군요. 그 자리엔 N이 오지 않는다는 뜻이랍니다.

완전 vs. 불완전

That 뒤에는 'O(오)', 'X(엑스)'가 그려져 있어요. O는 완전한 절을,

X는 불완전한 절을 의미한답니다. 그렇다면 완전과 불완전의 정의는 뭘까요? 앞서 다섯 개의 형식(Chapter 1의 6)을 만난 적 있어요. 잠시 표를 빌려 올게요.

	'-은/는'	'-다'	(보충설명)	'-에게'	'-을/를'	'-라고'
1형식	S	V				
2형식	S	V	C			
3형식	S	V			O	
4형식	S	V		O	O	
5형식	S	V			O	C

'불완전한 절'이란 완전하지 않은 절을 의미해요. 가장 간단한 1형식(S V)으로 예를 들어 볼게요. S와 V가 있으면 당연히 완전한 절이겠죠? 그럼 S를 빼 봅시다. V 하나만 남겠네요? 그럼 불완전한 절이 된 거예요. V를 빼고 S만 남겨두면 역시 불완전한 절일까요? 애초에 V가 없으면 절이 될 수가 없으니 그런 경우는 존재하지 않아요. 불완전한 절에도 V는 꼭 필요하다!

S V	완전한 절
S V	불완전한 절
S Ⱶ	절이 아님

그러니까 불완전한 절이란 'V를 제외한 절에 꼭 필요한 재료인 성분(Chapter 1의 5) 1개가 빠져 있는 상태'라 할 수 있겠네요. 혹시 두

개가 빠지면 안 될까요? 네, 절대 안 돼요. 불완전한 절이라 해도 반드시 단 1개의 성분만 생략되어야 해요.

S V O	가능
S V ⊖	가능
S V ⊖	불가능

3형식(SVO)의 경우 불완전한 절을 두 개 만들 수 있겠네요. S를 뺀 'VO.' 혹은 O를 뺀 'SV.' 둘 다 3형식의 불완전한 절이 맞아요.

① N that X (앞에 명사가 오고, 뒤에는 불완전한 절)

② N that O (앞에 명사가 못 오고, 뒤에는 완전한 절)

③ N that O (앞에 명사가 오고, 뒤에는 완전한 절)

설명을 듣고 보니 이제 ①~③번의 차이가 훨씬 더 잘 보이죠? 마지막으로 3개의 + that을 기호로 바꿔볼까요?

① N ⌒ (△ X)

② N / O

③ N = O

냉장고

Q. 다음 기호들의 의미를 생각해 보세요.

a.   n (that   x)

b.   ✗   that   o

c.   n   that   o

겉으로 보기엔 똑같은 세 개의 that을 구분하는 건 정말 중요해요. 냉장고에 붙여두는 스티커를 일부러 만들어 나누어 줄 정도로요. 저와 함께 공부하는 친구들은 이 스티커를 몇 개씩이나 가지고 있어요. 필통에도 보관하고 뒤에 자석 스티커가 있어 냉장고나 책상에 붙이기도 해요. 그래서 우린 이걸 장난스레 '냉장고'라고 불러요. 여러분도 필요하면 가지러 오셔요. 원하는 만큼 드릴게요.

정리하자면 서로 다른 역할을 하는 + that을 △(삼각형)과 /(슬래쉬), =(이퀄)로 바꿔 그리는 거군요. 지금부터는 본격적으로 세 가지 기호를 파헤쳐 볼 시간입니다.

2

△의 영원한 친구: ( ) 와 ⌒

$$N \overset{\frown}{(\triangle X)}$$

$$N / O$$

$$N = O$$

△(삼각형) 위에 있는 화살표(⌒)는 해석 방향을 의미해요. 삼각형 뒤에서 앞에 있는 N을 꾸미고 있지요? N을 꾸미는 건 뭐다? A(형용사). 그래서 △의 해석은 '-ㄴ/ㄹ'이랍니다. 그렇다면 괄호, ( )의 역할은 뭘까요? 바로 △이 들어있는 불완전한 절을 보여준답니다. △이 들어있는 절이 어디에서 시작해 어디에서 끝나는지 보여주는 거지요.

좀 더 근본적인 질문을 해봅시다. △이 +의 한 종류라고 했는데 그렇다면 그냥 +를 쓰지 왜 △을 그리는 걸까요? 혹은 반드시 △을 써야 하는 경우가 따로 있는 걸까요? 궁금증을 해결하기 위해 S V O로 구성된 3형식 문장 두 개를 만들어 볼게요.

사라지는 +와 N

영희는 샀다 BTS 굿즈를. 철수는 좋아한다 BTS 굿즈를.
S   V   O   S   V   O

+를 이용해 하나의 문장으로 합쳐 볼게요.

영희는 샀다 **BTS 굿즈**를 그리고 철수는 좋아한다 **BTS 굿즈**를.
s   v n_1 +   s   v n_2

영희가 산 BTS 굿즈는 어떤 굿즈일까요? 바로 '철수가 좋아하는' BTS 굿즈죠. 두 개의 문장을 하나로 합쳐 보면 +를 기준으로 앞뒤에 같은 단어 'BTS 굿즈(N_1과 N_2)'가 보이죠? 이럴 때 △을 이용해 문장을 간단하게 만들 수 있답니다. +와 뒤에 있는 N_2(BTS 굿즈)를 없애고 앞에 있는 N_1 뒤에 △을 넣어주면 돼요.

$$+ N \rightarrow \triangle$$

영희는 샀다 BTS 굿즈를 (△ 철수는 좋아한다).
s   v n_1 s   v

아직은 해석이 자연스럽지 않네요. ( ) 안을 조금만 손볼까요?

> 영희는 샀다 BTS 굿즈를 (△ 철수가 좋아하는).
> S   V   S   V

훨씬 편안해졌죠? 뭐가 바뀌었는지 살펴봅시다. △ 뒤에 있는 S '철수는'이 '철수가'로 바뀌었네요. + 뒤에 나타나는 S는 '은/는'이 아닌 '(이)가'를 사용해야 해요. V는 '좋아한다.'에서 '좋아하는'으로 변했죠? △은 A(형용사) 역할을 하니까 '-ㄴ/ㄹ'로 바꿔 준거네요.

　지금까지 O₁과 O₂가 같은 경우 △을 이용해 두 개의 문장을 합치는 방법을 살펴봤어요. 다른 자리에 있는 두 개의 N이 같을 수 있겠죠? 가능한 모든 경우를 한자리에 모아 연습해보자고요.

$$S_1 \ V_1 \ O_1 + S_2 \ V_2 \ O_2$$

① $S_1 = S_2$

$$S_1 \ V_1 \ O_1 \neq S_2 \ V_2 \ O_2$$
$$S_1 \ (\triangle \ V_2 \ O_2) \ V_1 \ O_1$$

② $S_1 = O_2$

$$S_1 \ V_1 \ O_1 \neq S_2 \ V_2 \ \emptyset_2$$
$$S_1 \ (\triangle \ S_2 \ V_2) \ V_1 \ O_1$$

③ $O_1 = S_2$

$$S_1 \ V_1 \ O_1 \neq S_2 \ V_2 \ O_2$$
$$S_1 \ V_1 \ O_1 \ (\triangle \ V_2 \ O_2)$$

81

④ $O_1 = O_2$

$$S_1 \ V_1 \ \mathbf{O_1} \neq S_2 \ V_2 \ \mathbf{O_2}$$
$$S_1 \ V_1 \ \mathbf{O_1} \ (\triangle \ S_2 \ V_2)$$

자꾸 보다 보니 뭔가 반복되는 규칙이 보이죠?

1st. 가운데 +와 뒤에 겹치는 N^{08} 생략

2nd. 앞의 N^{09} 뒤로 △과 나머지 절 옮기기

08 S_2 또는 O_2

09 S_1 또는 O_1

△ that의 친구들

$$N \ (\triangle \ X)$$

△ 앞에는 언제나 N이 있지요? 만약 N이 사람이면 that 대신에 △ who를 써주세요. 사람이 아니면 that 대신 △ which를 써주고요. 그렇다면 that은 언제 쓰나요? N 자리에 사람과 사물이 함께 등장하거나 뭔가 특별(1등, 꼴찌, 마지막 사람 등)한 게 오는 경우 △ that[10]을 써주면 돼요. 이도 저도 모르겠다 싶으면 그냥 사람 who, 사물 which만 기억하셔요. 그래도 괜찮아요.

10 하지만 이러한 구분이 그렇게까지 엄격하게 이루어지고 있지는 않으니 사람이면 △ who, 사물이면 which나 that 정도로 이해해도 괜찮아요.

영희 (who X)

굿즈 (which X)

영희와 굿즈 (that X)

사라지는 △

자~ 이제 다 왔습니다. 숨 한번 크게 쉬셔요. 후~~~. △ 뒤에는 X, 즉 언제나 불완전한 절이 오지요? 계속해서 3형식(S V O)을 예로 들자면 (△ S V) 또는 (△ V O)가 가능한 형태이겠죠. 그런데 이 두 가지 중 한쪽의 △은 마법처럼 사라질 수 있답니다. 과연 어느 쪽일까요? 바로 △ 뒤에 S가 있는 경우랍니다. 그러니까 (△ S V) 이렇게 만들어도 되고 △을 생략한 채 (S V) 이렇게도 가능하다는 거지요.

N (△ S V)	OK!
N (S V)	OK!
N (△ V O)	OK!
N (V O)	NO!

여기까지 달려온 당신~ 정말 수고 많았어요! 아주 많이 쉬어요. 스스로 상도 주고 조금은 말썽을 부려도 좋아요. 못 본 척할게요.

$$N\overset{\frown}{(}\triangle X)$$

$$\cancel{N} / O$$

$$N = O$$

두 개의 문장을 연결하는 /(슬래쉬) that은 △이나 =(이퀄)과는 달리 앞에 N이 오지 못해요. 대신 그 자리에 보통 V나 A가 오는데요, 함께 살펴봐요.

> 나는 믿는다. 너는 올 거다.
> S   V   S   V

아주 짧은 두 개의 문장이 있어요. 가운데 +를 넣어 연결해 하나의 문장으로 만들어 주면 좀 더 자연스러워질 것 같아요.

> 나는 믿는다 + 네가 올 거라고.
> S   V   S   V

이렇게 가운데 +를 기준으로 앞에 N이 없고(V) 뒤에 완전한 절(1형식 S V)이 있으면 + 자리에 / that을 넣어주세요. 완전과 불완전한 절 이야기는 앞(Chapter 3의 1)에 있으니 헷갈릴 때마다 펼쳐 보세요. 자꾸 보다 보면 익숙해지고 어느 순간 저절로 외워진답니다.

나는 믿는다 / 네가 올 거라고.
S   V   S   V

첫 번째 V(믿다)의 입장에서 뒤에 있는 / that은 뭘까요? '믿는다(believe)'라는 V는 자기 혼자(1형식) 있어도 될까요? 아니면 뒤에 뭔가가 필요할까요? 이럴 땐 '뭘?' 하고 물어보면 된다고 했죠?(Chapter 1의 5) '믿는다.' '뭐를(O)?' 오케이! 말이 되니까 '믿는다'는 3형식 V. 이러한 이유로 / that을 O(-을/를)로 해석하는 게 가능하답니다.

나는 믿는다 / 네가 올 거라는 것을.
S   V   S   V

'-라고'와 '-라는 것을' 둘 다 편한 데로 사용하셔요. 우린 모두 한국 사람이니 우리말로 자연스러운 쪽을 선택하는 건 어렵지 않아요.

또 사라지는 /

앞서 △ 뒤에 S가 있으면 △을 생략(Chapter 3의 2)할 수 있다고 했어요. 그런데 이런 규칙은 /에도 똑같이 적용된답니다. 모든 / 뒤에는 S로 시작하는 완전한 문장이 오니까 / that은 언제나 생략이 가능한 거겠죠? 사실은 그래서 이 기호가 슬래쉬(/)이기도 해요. 'Slash'가 '(칼로) 긋다, 베다'의 뜻을 가지고 있거든요. 그러니까 + that을 /로 '잘라 없애다' 이런 뜻이 숨어 있는 거랍니다.

$$S\,V\ th\!/\!at\ S\,V\,O \qquad OK!$$
$$S\,V\ /\ S\,V\,O \qquad OK!$$

직진남?

철수: "내가 있잖아… 요즘 입맛도 없고 또 잠도 잘 안 오고 뜬금없이 네 생각이 나고 막 그런단 말이지. 이게 왜 이러나 싶다가도 그냥 생각만 해도 괜히 웃음이 막 나오고… 나도 잘은 모르겠는데… 자꾸… 그게…"

영희: "그냥 좋아한다고 해!"

철수: "응, 그래."

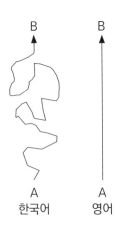

철수는 지극히 한국 사람이네요. 그거 아세요? 한국어와 영어의 표현 방식이 완전히 다르대요. 우리말은 결론을 향해 여기저기 들렀다 가는데 영어는 막힘없이 곧장 달려간답니다. 이러한 차이가 두 언어의 어순 차이를 만들어내는 건데요, 영어 V의 위치를 한 번 생각해 보셔요. 우리말과는 달리 S 다음에 V가 숨도 쉬지 않고 곧바로 등장하지요? V가 결론을 가지고 있기 때문이랍니다.

뒤로 가랏! 가짜의 등장

같은 이유로 영어에선 S의 길이가 긴 것을 절대 용서하지 않아요. 그만큼 V를 늦게 만나니까요. 성격도 급하죠?

$$\text{나는 말한다 영어를}$$
$$S_1 \quad\; V_1$$

/ that을 앞에 넣어 조금 바꿔 볼게요.

$$\text{/ 내가 영어를 말하는 것}$$
$$S_1 \qquad\qquad V_1$$

이번엔 위에 있는 / that 절 전체를 다른 문장의 S 자리에 넣어 볼게요.

$$\underline{\text{/ 내가 영어를 말하는 것}} \text{은 이다 쉬운}$$
$$S_1 \qquad\quad V_1 \quad\; S_2 \;\; V_2$$

한눈에 봐도 S_2가 상당히 길죠? 바로 이 순간 S의 길이를 줄여줄 가짜가 등장한답니다. 그것은 바로 'it'!

그것은(It) 이다 쉬운 / 내가 영어를 말하는 것은
S_2 V_2 S_1 V_1

이야~ 이런 방법으로 S_2의 길이를 줄여버리는군요. 원래 있던 기다란 that 절(/ S_1 V_1)은 맨 뒤로 가버렸네요. 가짜와 진짜가 탄생하는 순간입니다.

그것은(It) 이다 쉬운 / 내가 영어를 말하는 것은
가(짜)주어 S   V   진(짜)주어 S

지금까지 / that 앞에 N이 오지 않는 경우를 살펴봤어요. V가 올 때 /를 '-라고' 또는 '-라는 것을'이라고 해석했어요. 진(짜)주어 역할을 할 때는 /가 뒤로 이동하며 '-라는 것은'으로 그 뜻이 변하는 것도 확인했고요.

모든 걸 한 번에 다 외우려 하지 마세요. 기호를 그려보다 막힐 때 혹은 이게 맞나 싶을 땐 해당하는 기호 부분을 다시 읽어보세요. 그러다 보면 어느새 자연스레 머릿속에 기호가 자리 잡게 된답니다. 당신의 뇌를 믿어요.

앞, 뒤가 똑같은 =

$$N \overset{\frown}{(\triangle X)}$$

$$N / O$$

$$N = O$$

철수: "1 + 1 = 중노동"

영희: "응?"

철수: "2 + 2 = 틀니"

영희: "응??"

아무래도 철수는 천재 같아요. '더하기'와 '이퀄(=)'을 가지고 말장난을 만들었네요. '일 더하기 일은 중노동', '이 더하기 이는 틀니', 당연히 =(이퀄)은 '은/는'으로 읽지요. + that에도 이와 같은 =이 있답니다.

영희는 좋아한다 나를
S_1　　V_1　　O_1

철수가 행복한 꿈을 꾸네요. 어디까지 가는지 한 번 보자고요.

> 그 사실은 만든다 나를 행복하게
> S_2 V_2 O_2 C_2

S V O C로 이루어진 5형식 문장이 하나 더 생겼어요. 행복하다니 축하는 하는데 뭔가 불안하네요.

> 그 사실 = 영희는 좋아한다 나를

진실은 알 수 없지만 어쨌든 영희가 자신을 좋아한다는 사실 때문에 몹시도 행복한 철수입니다. 마지막으로 철수의 행복을 완성해 봅시다.

> 그 사실은 = 영희가 나를 좋아한다는 만든다 나를 행복하게.
> S_2 S_1 V_1 V_2

'일 더하기 일은 중노동'처럼 사칙연산을 할 때는 그냥 순서대로 읽어 주면 되는데 반해 이퀄(=) that은 해석 방향이 뒤에서 앞으로 가야 자연스럽죠? '영희가 나를 좋아한다는 그 사실'처럼 말이죠.

$$\overset{\frown}{=}$$

이처럼 모든 = that 위엔 뒤에서 앞으로 향하는 화살표가 숨어 있다는 걸 기억해주세요.

이퀄(=) that 앞에는 그 사실(the fact), 그 생각(the thought), 그 아

이디어(the idea)와 같은 단어들이 자주 등장해요. 잠시 생각해 보면 당연한 거 같아요. 어떤 사실? 어떤 생각? 어떤 아이디어? 하고 상대방이 궁금해할 테니 좀 더 설명이 필요하겠죠. 추가 설명을 담당하는 게 바로 = that이랍니다.

또 또 사라지는 =

△과 /가 언제 사라질 수 있는지 기억나세요? 바로 뒤에 S가 있을 경우였답니다. 그렇다면 =(이퀄) 뒤 역시 완전한 절이 오고, 그 말은 = 뒤에는 늘 S가 온다는 뜻이니 아하~ = that은 마음만 먹으면 아무 때나 사라질 수 있는 거군요?

N = S V   OK!

N S V   OK!

손가락으로 그리는
8개의 기호
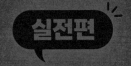
실전편

묶고, 버리고, 줄이고, 그리고 :
( ), V, S, +, /

이번 장에선 2장과 3장에서 배운 8개 기호의 추가적인 설명과 함께 직접 그려보는 시간을 가질 거예요. 본격적으로 연필을 손에 쥐고 기호를 그리는 거죠. 아직 마음의 준비가 되지 않았다고요? 준비 따윈 필요 없어요. 일단 시작하고 보는 거예요. 그게 가장 빨리 준비하는 방법이랍니다.

( )로 문장 다이어트 성공

6형식 사건

철수: "이야 5형식 껌이네."

영희: "당연하지. S V. S V C. S V O. S V O O. S V O C."

철수: "그니까. 2개, 3개, 3개, 4개, 4개"

영희: "그럼 이건 몇 형식? I call you Gaeddongi frequently."

철수: "하나, 둘, 셋, 넷, 다섯. 6형식!"

영희: "에??"

철수가 뭔가 착각하고 있죠? 애석하게도 이건 철수 이야기가 아니라 실제 과거의 제 이야기랍니다. 그냥 개수만 세면 되는 줄 알았어요. 만약 그렇다면 이론상 100형식도 가능하겠죠?

I call you Gaeddongi frequently. 나는 부른다 너를 개똥이라고 자주
S V O C

S V O C를 다 그렸는데도 단어 하나(frequently)가 남죠? 이렇게 문

장 성분(Chapter 1의 5)에 들어가지 않는, 부가적으로 쓰는 품사가 뭐다? 부사(Ad)! 부사(Chapter 1의 2)는 뭐할 수 있다? 뺄 수 있다!

영희가 낸 문제의 정답은 6형식이 아닌 5형식이었군요. 필수 성분들(S나 V나 O 또는 C)이 아닌 건 죄다 뺄 수 있어요. Ad 이외에 생략할 수 있는 것들은 뭐가 있을까요?

엄밀히 말하자면 S, V, O, C 이외의 것들은, 형식을 셀 때, 전부 제외된답니다. Ad나 ( )와 같은 것들이 대표적이지요. 특히 ( )는 문장의 길이를 길게 만드는 주범인 만큼 앓던 이를 뽑듯 시원하게 빼줍니다. 그럼 '어린왕자(The Little Prince)[11]'와 함께 본격적인 문장 다이어트를 시작해 볼까요?

11 '그 어린 왕자'가 정확한 해석이겠지만 이 책에선 '어린왕자'로 적을게요.

"앗, 슬쩍 아래를 보니 모르는 단어가 많은데?"라고 생각했다면 안심하세요. 지금 문장 전체 해석은 전혀 중요하지 않아요! 할 수 있어도 하지 마세요! 안 돼! 지금은 그저 기호에만 집중하면 된답니다.

Step 1. 지렁이(~) 찾기

SCENE 1 ──────────────────────────────

When I was six years old I saw a magnificent picture in a book, called *True Stories from Nature*, about the primeval forest. It was a picture of a boa constrictor in the act of swallowing an animal.

제가 정말 좋아하는 이야기, 어린왕자의 첫 문단이에요. 6개의 빨간 단어가 보이네요. 바로 이 단어들이 치사하게 앞에 오는 전치사(Prep)랍니다. 우리는 이걸 '지렁이(~)'라 부르기로 약속했죠.

그런데 ~들이 왠지 좀 만만하게 생기지 않았나요? 주변 단어들에 비해 길이도 짧고요. 네, 맞아요. 가끔 기다란 지렁이도 있지만 대부분 짧고 나름 귀엽게 생겼답니다.

> in(~(안)에(서)), from(~로부터), about(~에 대하여), of(~의)

어때요? 별거 아니죠? 혹시 아직까지도 지렁이를 지렁이라 부르지 않고 '뭐뭐'나 '물결'로 부르는 분은 없죠? 아버지를 아버지라 부르지 못하는 홍길동도 아니고, 한번 지렁이는 영원한 지렁이임을 잊지 마세요. 이번엔 빨간색으로 미리 표시하지 않고 몇 마리의 지렁이가 숨어 있는지만 알려 줄게요. ~를 직접 찾아 그려보세요. 지렁이 5마리!

In the book it said: "Boa constrictors swallow their prey whole, without chewing it. After that they can't move, and they sleep through six months for digestion."

어때요? 'in'은 앞에서 만나봤으니 쉽게 찾았을 테고, 공교롭게도 나머지 4개는 새로 등장했네요. 여러분 재미있으라고 생텍쥐페리가 이렇게 구성했나 봅니다.

SCENE 2의 ~

In the book it said: "Boa constrictors swallow their prey whole, without chewing it. After that they can't move, and they sleep through six months for digestion."

다 맞췄으면 한번 신나 하고 다 틀렸어도 실망하지 마세요. 저와 함께 공부하는 학생들에게 자주 하는 말이 있어요. "다 알면 뭐 하러 오니?" 여러분은 새로운 걸 배우기 위해 저와 함께하는 거지 지식자 랑 하기 위함이 아니잖아요. 빵점이면 더 즐거워하자고요. 앞으로 배 울 수 있는 게 많으니까요. '야호~ 빵점이다!'

자, 한 번 더 연습해 볼까요? 이번엔 ~ 6마리 나갑니다!

SCENE 3 ———————————————————————

I thought deeply, then, about the adventures of the jungle. And after some work with a colored pencil I succeeded in making my first drawing. My Drawing Number One. It looked something like this:

SCENE 3의 ~

I thought deeply, then, about the adventures of the jungle. And after some work with a colored pencil I succeeded in making my first drawing. My Drawing Number One. It looked something like this:

with(~와 함께), like(~와 같은)

슬슬 자주 등장하는 ~들이 눈에 들어오기 시작하죠? 자주 만나면 기억해주고 처음 만나면 반갑다고 안녕 해주세요. 스트레스 따위는

받는 거 아닙니다. 그럼 이번엔 ~를 이용하여 ( ), 전명구를 본격적
으로 그려보자고요.

Step 2. 전명구(Prep + N)에 ( ) 그리기

지금까지 찾은 ~와 뒤에 있는 N을 묶어 ( )를 그려볼 거예요. 괄호
를 여는 건 ~ 바로 앞이니까 아주 쉬운데 닫는 건 가끔 까다롭기도 해
요. 첫 장면을 다시 가져왔어요. 하나씩 살펴볼게요.

SCENE 1

When I was six years old I saw a magnificent picture (in
a book), called *True Stories* (*from* **Nature**), (about **the primeval
forest**). It was a picture (of **a boa constrictor**) (in **the act**) (of
swallowing an animal).

- (in **a book**): '**한 책안에**' 'a(한), an(한), the(그)'는 관사(article)랍
  니다. 관사는 N 앞에 온다고 기억해 두세요. 'a'는 N이 아니니까
  (in a) 이렇게 그릴 순 없겠죠? 'book'은 책, 책은 N, 그래서 book
  뒤에서 괄호를 닫아주면 돼요. (in a N)
- (*from* **Nature**): '**자연으로부터**' '*Nature*'라는 단어 뒤에 쉼표(,) 보이
  죠? 이게 아주 고마운 단서랍니다. 꼭 그런 건 아니지만 이렇게

쉼표가 있으면 대부분 그 앞에서 닫아줘요. (from N)

- (about **the primeval forest**): '**그 아득한 옛날 숲에 대한**' 위에서 the는 N이 아니라고 했고 그럼 두 개의 단어가 뒤에 남아 있네요. 물론 사전의 뜻을 두 개 다 찾아보면 어느 게 N인지 쉽게 찾을 수 있지만, 만약 'primeval'라는 단어에서 괄호를 닫아버리면 뒤에 'forest'란 단어 하나만 남지요. forest 뒤에 있는 점(.)을 보고 '아 대충 여기까지 아닐까?'하고 상상해 보는 것도 좋은 생각의 흐름이랍니다. (about the A N)

- (of **a boa constrictor**): '**한 보아 뱀의**' 사전을 검색해보면 'boa constrictor'가 '보아 뱀'이라는 걸 알 수 있어요. 이렇게 두 개의 단어로 이루어진 N도 있답니다. 예를 들면 '버스정류장'이란 단어는 '버스'와 '정류장'이라는 두 개의 N으로 이루어져 있지요. N 두 개를 연결해 해석에 문제가 없으면 뒤에 있는 N 뒤에서 괄호를 닫아주면 돼요. (of a N N)

- (in **the act**): '**그 행동에**' act 뒤에 of라는 지렁이가 있으니까 당연히 act 까지만 괄호를 그려줘야겠네요. (in the N)

- (of **swallowing an animal**): '**한 동물을 삼키는 것의**' 'swallowing (삼키는 것)'은 동사(swallow)와 명사(-ing)가 결합한 동명사 (G)(Chapter 1의 2)랍니다. 그런데 'swallow(삼키다)'라는 단어는 '뭘?' '한 동물을(an animal)'처럼 O(목적어)가 필요하겠죠? V가 동명사로 변신해도 특징은 그대로 유지 된다고 하네요. 그래서 괄호를 닫을 때 동명사의 뒤에 있는 O까지 포함해 닫아줘야 해요. (of G an N)

자, 그럼 함께 연습도 했으니 이번엔 여러분이 직접 한 번 그려볼까요? 빨간 ~ 바로 앞에서 괄호 열고, 뒤에 있는 N 뒤에서 괄호 닫고. 괄호를 닫는데 힌트가 되는 단서들은 굵은 글씨 표시를 해두었으니 활용해 보세요. Here we go!

SCENE 2

In the book **it said**: "Boa constrictors swallow their prey
whole, **without** chewing it. **After** that **they** can't move, and
they sleep **through** six months **for** digestion."

( )

SCENE 2의 ( )

(In the book) **it said**: "Boa constrictors swallow their prey
whole, (**without** chewing it). (**After** that) **they** can't move, and
they sleep (**through** six months) (**for** digestion)."

- (In the book): '그 책에서' 뒤에 있는 'it said(그것은 말했다)'는 S V로 ( )에 들어가지 않아요. (In the N)

- (without chewing it): '그것을 씹는 것 없이' 동명사(V + -ing)

'chewing(씹는 것)'의 원형[12] 'chew(씹다)'는 '무엇   12   원래 형태

을'이라는 O가 필요해요. (without G N)

- (After that): '그 후에' 뒤에 있는 'they(그들은)'는 S라 역시 전명구

( )에 들어가지 않아요. (After N)

- (through six months): '6개월 동안' N 앞에 있는 숫자(six)는 A(형

용사)처럼 생각하면 돼요. (through A N)

- (for digestion): '소화를 위해' for 뒤엔 단어가 하나뿐이군요.

(for N)

다음으로 SCENE 3는 단서를 줄여 볼게요. ( ) 그리기 도전!

SCENE 3 ————————————————————

I thought deeply, then, about the adventures of the jungle.
And after some work with a colored pencil I succeeded in
making my first drawing. My Drawing Number One. It looked
something like this:

( )

SCENE 3의 ( )

I thought deeply, then, (about the adventures) (of the jungle).

And (after some work) (with a colored pencil) I succeeded (in
making my first drawing). My Drawing Number One. It looked
something (like this):

- (about the adventures): '그 모험들에 대하여' 'a, and, the'는 관사
  (about the N)
- (of the jungle): '그 정글의' (of the N)
- (after some work): '약간의 일 후에' (after A N)
- (with a colored pencil): '한 색연필과 함께' '색연필'은 'colored
  pencil.' 중간에서 괄호를 닫지 않도록 조심하세요. (with a N)
- (in making my first drawing): '나의 첫 그림을 만드는 것에' 동명사
  (V + -ing) 'making(만드는 것)'은 뒤에 O가 필요하겠죠? 이때 괄호
  를 making 뒤가 아닌 O 뒤에서 닫는 게 중요해요. (in G 소유격 A N)
- (like this): '이것과 같은' 'like(좋아하다)'는 V로도 자주 사용되기
  때문에 주위를 잘 봐야 해요. 만약 다른 V(looked)가 있으면 'like'
  는 V가 아닌 전치사 ~일 확률이 올라가요. (like N)

'~에서 N까지 묶어준다.' 이게 핵심이에요. 그리고 '~'와 'N' 사이에
a, an, the나 A[13]가 오는 경우도 여러 번 확인   13 소문자 'a(한, 하나의)'는
했으니 괄호를 닫을 땐 항상 주의하세요.   관사, 대문자 'A'는 형용사

처음이라 아직은 어색하겠지만 전명구 ( )는 학생들이 가장 재미
있어하는 기호 중 하나랍니다. 서서히 적응해 나가보세요. 다음으로
어린왕자 속에 숨어 있는 S와 V를 만나보아요.

2

머리엔 S, 발엔 V

우리 몸에서 생각하는 머리와 행동하는 발은 가장 멀리 떨어져 있어요. 머리는 내 몸에 명령을 내리는 주인이고, 발은 직접 행동을 하지요. 주어 S와 동사 V의 관계가 이와 비슷해요. 주인공인 S는 앞에 등장해 문장을 이끌고 V는 적극적으로 행동을 하지요. 다만 우리 몸과는 달리 S V 이 둘은 사이좋게 나란히 붙어 있어요.

다섯 개의 형식(Chapter 1의 6)을 통해 이미 여러 번 살펴본 S와 V 이야기, 직접 한 번 그려보자고요. 이번 장면은 어린왕자가 그려달라고 부탁한 양 이야기로 시작합니다.

SCENE 4

He looked at it carefully, then **he said**: "No. **This sheep is** already very sickly. **Make** me another." So **I made** another drawing.

- **He looked**: '그는 보았다' 사전에서 'He'를 검색해보면 '그'라는 뜻으로 나와요. 하지만 'he'는 언제나 S 자리에만 등장한답니다. 따라서 'he'는 '그' 보다는 '그는'으로 기억해 두는 게 더 나아요.
- **he said**: '그는 말했다'
- **This sheep is**: '이 양은 이다' 여기에서 처음으로 S가 두 단어(This sheep)로 이루어져 있네요. 이렇게 S가 두 개 이상의 단어로 이루어진 경우, 마지막 단어에 S를 그려주면 돼요.
- **Make**: '만들어라' 어라? 여기엔 '은/는'으로 시작하는 S가 없네요? 게다가 'Make'는 왜 '만들다'가 아니라 '만들어라'일까요? 이렇게 S가 아닌 V로 시작하는 문장의 형태를 '명령문'이라고 하는데요, 그럴 땐 '-해라'하고 해석하면 돼요. 그러니까 '만들어라,' '만들어 줘,' '만들어'와 같은 해석이 가능하지요. 기억해주세요. 명령문은 뭐로 시작한다? V! 명령문엔 S가 있다, 없다? 없다!
- **I made**: '나는 만들었다' 'I' 앞에 자리한 'So(그래서)'를 주목하세요. 이와 같이 S가 문장의 가장 앞에 오지 않는 경우도 흔하답니다.

함께 해보니 S V 찾기 생각만큼이나 쉽죠? 이번 장면엔 여러분이 직접 S와 V를 그려보세요. 단서가 되는 부분엔 굵은 글씨 표시를 해 둘게요. 총 7개의 S V가 숨어 있어요. 모르는 단어는 얼마든지 사전을 통해 뜻과 품사를 확인해 보세요.

My friend smiled gently and indulgently. "You see yourself," he said, "this is not a sheep. This is a ram. It has horns." So then I did my drawing over once more.

SCENE 5의 S V

My friend smiled gently and indulgently. "You see yourself,"
         S   V   S   V
he said, "this is not a sheep. This is a ram. It has horns." So
S   V   S   V   S   V   S   V
then I did my drawing over once more.
     S V

- My friend smiled: '나의 친구는 웃었다' '-ed'는 V의 과거형이었죠?
- You see: '너는 본다'
- he said: '그는 말했다' 'he'는 언제나 S
- this is: '이것은 이다' is는 be V. Am, are, is는 '이다, 있다, 되다'
- It has: '그것은 가지고 있다'
- I did: '나는 했다' 'I' 역시 언제나 S

  S와 V를 동시에 찾다 보면 좀 더 쉬운 단서들이 눈에 들어올 거예요. S를 먼저 찾으면 뒤에 V를 그리고, 또 V를 먼저 찾으면 앞에 S를

그리는 식이지요. 마지막 S V 그리기 연습은 아무 단서 표시 없이 한 번 해볼까요? 6개의 S와 7개의 V가 숨어 있어요.

SCENE 6

"It is a very small sheep that I gave you." He bent his head over the drawing.

"Not so small that··· Look! He went to sleep···" And that is how I made the acquaintance of the little prince.

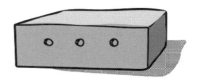

다음은 단서들입니다. 처음엔 단서를 보지 않고 해보세요. 틀리는 건 전혀 문제 되지 않아요.

① be V ② 나는 ③ 그는 ④ S가 없네? ⑤ 그는 ⑥ be V ⑦ 나는

SCENE 6의 문장들을 보면 제법 길고 복잡해 보이지만 정작 단서들은 참 간단하죠? 7개의 단서 중 V가 2개, S가 4개군요. 또 S가 없다는 것도 단서고요. 보이지 않는 게 단서가 된다니 신기하네요. 답을 확인해 볼까요?

SCENE 6의 S V

"<u>It is a very small sheep that I gave you.</u>" He bent his head
  S V   S V   S   V
over the drawing.

"Not so small that… Look! He went to sleep…" <u>And that is</u>
                  V   S   V   S V
<u>how I made the acquaintance of the little prince.</u>
      S   V

- It is: '그것은 이다' be V 'am, are is'는 언제나 V

- I gave: '나는 주었다' 'I'는 언제나 S

- He bent: '그는 숙였다' 'He'도 변하지 않는 S

- Look: '보아라' V가 맨 앞에 있으면 명령문, '−해라'

- He went: '그는 갔다'

- that is: '그것은 이다' 'is'는 be V

- I made: '나는 만들었다'

단서들 덕분에 S V를 그리는 건 그리 어렵지 않죠? 대문자로 시작해 마침표 '.'로 끝나는 걸 문장이라고 하는데 첫 문장과 마지막 문장엔 S V가 두 개씩 있네요? 이게 무슨 뜻이냐면 밑줄 친 첫 문장과 마지막 문장엔 절(S V)과 절(S V)을 연결하는 +가 있다는 걸 의미해요. +를 찾는 건 Chapter 4의 4에서 함께 연습해보기로 해요.

3

광고(Ad)는 건너뛰어요

철수: "V가 왔어요~ 싸고 맛있는 V가 왔어요."

영희: "하다하다 이제 V를 다 파는 거야?"

철수: "이렇게 주변에서 광고를 해줘야 잘 팔린다고."

영희: "너가 부사구나."

이 무슨 난이도 높은 대화인가요? 우리가 모르는 뭔가가 있는 게 분명한 것 같아요. 궁금증을 해결하기 위해 영어 단어 몇 개 확인해 볼까요?

Verb(동사) - **Ad**verb(부사) - **Ad**vertisement(광고)

부사를 중심으로 앞뒤의 단어가 묘하게 닮았네요? 부사를 뜻하는 단어 'adverb'는 '주위에(around)'라는 뜻을 가진 'ad'와 'verb'가 결합해 만들어진 단어랍니다. 그러니까 부사인 adverb는 '동사 주위에'라는 뜻이 있는 셈이지요. 동사 주위에서 뭘 할까요? 바로 V를 광고(advertisement)하는 거예요. V를 꾸며 더 돋보이게 해주는 거랍니다.

그냥 '좋아해(like)' 보다 '좋아해(like) 아주(very) 많이(much)'처럼 말이죠. 마침 부사(Adverb)와 광고(Advertisement) 모두 'Ad-'로 시작하니 이렇게 말장난을 해봅니다.

'부사(Adverb)는 동사(verb)를 광고(Advertisement)해 줘.'

이렇게 태어난 Ad(부사)는 점점 그 능력을 키워 V 근처가 아닌 다른 위치에도 등장해요.

광고 S 광고 V 광고

그럼 자연스레 S와 V 주변에 단어가 많아지고 그러다 보면 우리가 S V를 찾는데 방해를 받을 수 있어요. 더군다나 Ad만 광고에 나서는 게 아니에요. +나 동사의 조수인 조동사(Chapter 1의 5), ( ) 같은 친구들도 자주 등장해요. 이러한 훼방꾼들을 잘 피해 S V를 찾아 그리는 연습을 한번 해봅시다.

SCENE 7 ————————————————————

As each day passed, I could learn, in our talk, something
\+   S   V   S   V
about the little prince's planet. The information (from him)
                                         S
came very slowly. I abruptly heard, on the third day, about
  V   S   V
the catastrophe of the baobabs.

- **As** each day passed: '하루하루가 지남**에 따라**' <u>빨간 밑줄을 친</u> 첫 문장에 두 개의 절(S V)이 보입니다. 절이 두 개가 있으면 연결하는 + 한 개가 필요해요. +의 자리는 맨 앞이나 중간인데 여기 있는 As가 + 역할을 하고 있답니다. 덕분에 S가 맨 앞에서 한자리 뒤로 밀려났어요.

- I **could** learn: '나는 배울 **수 있었다**' 동사의 조수, HV(조동사) could(~할 수 있었다)는 S와 V 사이에 등장해요. 보통 조동사에는 V 표시를 하지 않아요.

- The information (**from him**) came: '그 정보는 (그로부터)[14] 왔다' ( )는 뒤에서 앞에 있는 N을 꾸며 줘요.

- I **abruptly** heard: '나는 **느닷없이** 들었다' 어떻게 들었다고? '느닷없이' 이런 식으로 'abruptly'와 같은 Ad는 자기 이름 Adverb처럼 V의 주변에 나타나 V를 꾸며 준답니다.

14 어지간하면 앞에서 뒤로 직독직해하는 걸 권하지만 N 뒤에 있는 전명구 ( )는 뒤에서 앞으로 순서를 바꿔 꾸며 주는 게 좋아요. '(그로부터) 그 정보는'

아하~ +와 HV(조동사), Ad(부사) 같은 친구들이 S와 V의 자리를 살짝 이동시키거나 S와 V를 조금 멀어지게 만드는 거군요. 다음 장면으로 조금 더 연습해볼까요? 진한 색 단서들을 활용해 6개의 S V(절)를 잘 찾아 그려보세요.

SCENE 8 ─────────────────────────

"Is it true that sheep eat little bushes?"

"That **might** be true."

"**Then** I am glad!" I **did not** understand why it was so important.

S V

SCENE 8의 S V

"Is it true that sheep eat little bushes?"
  V S   +   S   V
"That **might** be true."
    S   V
"**Then** I am glad!" I **did not** understand why it was so important.
    S V   S   V   + S V

- Is it: '이냐 그것은' 첫 번째 문장 마지막에 '?'가 있네요. 이렇게 물어보는 문장(의문문)에선 Be V(am, are, is)가 S의 앞으로 이동해요.

- sheep eat: '양들은 먹는다'

- That **might** be: '그것은 **아마 일 것**이다' HV(조동사)가 S와 V 사이에 있어요.

- **Then** I am: '**그러면** 나는 이다' '그러면'이라는 단어가 S의 앞에 있네요.

- I **did not** understand: '나는 이해하**지 못했다**' did(HV)가 not(Ad) 과 함께 S와 V 사이에 등장해 부정문을 만들고 있어요.

- it was: '그것은 이었다' Be V의 과거 was와 were는 '이었다, 있었 다, 되었다'

어때요? 이제 광고들이 조금씩 보이나요? 우리의 목표는 많은 광고 사이에서 무사히 S V를 찾아내는 거랍니다. 뜻을 모를 땐 사전의 도움 을 받으면 되지만 S V를 찾아내지 못하면 제대로 된 해석을 할 수 없답 니다. 우린 지금 아주 중요한 연습을 하고 있는 거예요. 자 벌써 광고 피 하기 마지막 연습입니다. 펜을 집어 들고 6개의 S V를 찾아 그려보세요.

SCENE 9

The little prince, however, added.

"Then does it follow that they also eat baobabs?"

With a big smile I told the little prince.

"Baobabs in the world are not little bushes, but, on the contrary, trees as big as castles. Even a whole herd of elephants would not eat up one single baobab."

잘되고 있나요? 혹시 어려우면 아래 함정들을 보고 잘 피해 S와 V 를 그려보세요.

① 'however,'는 Ad

② 'Then'은 Ad, 'does' 두더지[15]는 HV(조동사)

③ 'also'는 Ad

④ (With a big smile)

⑤ (in the world)

⑥ 'Even'은 Ad, (of elephants), 'would'는 HV, 'not'은 Ad

정리해보니 참 많은 Ad와 ( )가 보입니다. 단서를 봐도 쉽지 않을 수 있어요. 영어로 품사를 말하는 게 익숙하지 않아서 더 그럴 수 있고요. 잘 안된다고 속상해하면 절대! 안돼요. 여러분에겐 짧은 적응의 시간이 필요할 뿐이랍니다. 저를 믿어보세요.

SCENE 9의 S V

The little prince, **however,**[16] added.
  S   V
"**Then does** it follow that they **also** eat baobabs?"
  S   V   S   V
(**With a big smile**) I told the little prince.
                       S V
"Baobabs (**in the world**) are not little bushes, but, on the
  S   V
contrary, trees as big as castles. **Even** a whole herd (**of**
elephants) **would not** eat up one single baobab."
  S   V

• The little prince, **however**, added: '어린왕자는, 그러나, 덧붙였

다' 우리말과는 달리 영어의 '그러나(however)'는 S와 V 사이에 자주 등장해요.

- **Then does** it follow: **'그러면** 그것은 결론에 이르냐' 문장 끝에 '?'가 보이죠? 일반동사(follow)를 이용해 의문문을 만들고 싶을 땐 두더지(do, does, did) 한 마리를 S 앞에 데려다 두세요.

- they **also** eat: '그들은 **또한** 먹는다' Ad 'also'가 S와 V 사이에 자리하고 있어요.

- (**With a big smile**) I told: '(**한 큰 미소와 함께**) 나는 말했다' 이렇게 ( )가 앞에 올 수도 있어요.

- Baobabs (**in the world**) are: '(**이 세상에**) 바오밥 나무들은 이다' N 뒤에 있는 전명구는 이런 식으로 순서를 바꿔 먼저 해석해주세요.

- Even a whole herd (**of elephants**) **would not** eat up: **'심지어 (코끼리들의)** 한 온전한 떼조차 다 먹어치우**지 못할 것이다'** S의 앞, S와 V 사이에 S V자리에 영향을 미치는 여러 단어가 잘 보이죠?

여기까지 잘 따라온 여러분 대단히 수고 많았어요. 사실 여러분이 앞으로 만나게 될 문장들은 더 단순해요. 대부분 S와 V가 나란히 잘 붙어 있답니다. 괜히 힘들고 속은 느낌이 드나요? 그럼 돌을 던지세요. 하지만 평소에 이렇게 연습해둬야 실전이 쉽게 느껴지는 법이랍니다. 잠시 쉬었다가 + 삼형제를 만나 봅시다.

4

+ 삼형제

자, 바쁜 현대인 여러분~ 너와 나의 연결고리(Chapter 2의 3)에서 이미 만나본 +의 시간이 돌아왔습니다. 빠른 기억 회복을 위해 앞서 살펴본 스피드 퀴즈를 가져왔어요.

SPEED QUIZ

ⓐ +는?   앞뒤를 연결한다!!

ⓑ +의 종류는 몇 개?   3개, 대등, 종속, 상관!

ⓒ 대등접속사가 연결하는 가장 작은 단위는?   알파벳!

ⓓ 대등접속사가 연결하는 가장 큰 단위는?   절(S V)

ⓔ 절과 구의 차이는?   구에는 V가 없다!

ⓕ 종속접속사의 위치는?   가운데 또는 맨 앞!

ⓖ 상관접속사는 몇 개로 만든다?   2개!

앞뒤가 같다면 무엇이든 연결하는 대등+

+ S_1 V_1, S_2 V_2 또는 S_2 V_2 + S_1 V_1 형태가 가능한 종속+

둘이 무슨 상관이냐, 두 개의 단어 덩어리가 필요한 상관+

Then one morning, exactly (at sunrise), she suddenly showed
                                                     S   V

herself. After working (with all this painstaking precision), she
                                                           S

yawned **and** said:
  V   +   V

"**Both** the sun **and** I were born (at the same time)."
        S + S V

"I am hungry **because** it is time (for breakfast)," she added
 S V   +   S V   S   V

an instant later.

- she yawned **and** said: '그녀는 하품하고 말했다' S(she)는 하나
  인데 V가 두 개 있지요? 이렇게 대등+ 'and'는 앞뒤에 있는 V를 연
  결해주고 있어요.

- **Both** the sun **and** I were born: '그 태양과 나는 둘 다 태어났다.'
  반대로 이번엔 V(were)는 하나인데 S가 두 개군요. 언뜻 보면 위
  에 있는 'and'와 마찬가지로 대등+ 같지만, 앞에 'Both(둘 다)'가 있
  어요. Both A and B, 'A와 B 둘 다' 이렇게 두 개의 단어 덩어리를
  꼭 필요로 하는 +는 상관+랍니다.

- I am hungry **because** it is time: '나는 이다 배고픈 왜냐하면 그것은 이다 시간' 'because' 앞뒤로 S V(절)가 보이죠? 또한 +와 뒤에 있는 S V(종속절)를 생략해도 앞 절(주절)의 해석(나는 이다 배고픈)엔 문제가 없지요? 종속+는 주절과 종속절을 연결하는 데 사용해요.

다음 장면엔 4개의 +가 등장해요. +의 종류와 해당하는 단어들은 Chapter 2의 3에 간략히 정리되어 있으니 보면서 하세요. 보고 찾을 수 있으면 그걸로 충분하답니다. 절대 한번에 모든 걸 외우려 하지 마세요. 전 자상하니까 이번에도 화끈한 단서들을 남겨둘게요.

SCENE 11 ————————————————————————

"I am not afraid of **tigers** or **their claws**!"

"There are neither **tigers** nor **their claws** on my planet," **the little prince objected** and **she changed** the subject.

"At night **I want** you to put me under a glass globe because **it is** very cold."

SCENE 11의 +

"I am not afraid (of **tigers** or their **claws**)!"
S V   n   +   n

"There are neither **tigers** nor their **claws** (on my planet)," **the**
S[17] V   n   +   n

little prince objected and **she changed** the subject.
S   V   +   S   V

"(At night) **I want** you /to put me (under a glass globe) because
S   V   +

it is very cold."
S V

- tigers or their claws: '**호랑이들** 또는 **그들의 발톱들**' 대등+ or가 앞뒤 N을 연결하고 있어요.

- neither **tigers** nor their **claws**: '**호랑이들** 또는 **그들의 발톱들** 둘 다 아닌' 위에 있는 +의 예시와 비슷한 것 같지만 앞에 neither가 등장하면서 가운데 있는 or가 nor로 바뀌었어요. 이렇게 두 개의 단어(neither A nor B)가 A B 서로의 관계를 정의해 줄 땐 상관+.

- **The little prince objected** and **she changed**: '어린왕자는 부정했고 그녀는 바꿨다.' 대등+ and 앞뒤로 S V(절)가 있네요.

- **I want** ~~you /to put me (under a glass globe)~~ because **it is**: '**나는 원해** 왜냐하면 **그것이 —이**기 때문에' 종속+ because 앞뒤로 S V가 보여요. 취소선으로 지운 부분은 +를 찾을 때 무시해도 좋아요. because 뒤에 S V가 있으므로 앞쪽 역시 S V만 찾으면 그만이거든요.

---

17 사실 여기 있는 There는 S가 아닌 유도부사라는 친구인데요, 그리 중요하지 않아요. 지금은 S 다음엔 V라는 규칙을 기억하는 게 백만 배는 더 중요해요.

어린왕자와 장미의 사랑 이야기도 막바지를 향해 가는군요. 우리는 또 가야 할 길이 있으니 즐겁게 마지막 + 찾기 연습을 해볼까요? 이번 장면엔 대등, 종속, 상관+가 사이좋게 각각 1개씩 들어있어요. +의 모양보다는 자리를 기억하세요. +는 보통 맨 앞 혹은 중간 자리에 자주 등장해요.

SCENE 12

When he watered the flower for the last time, he was very close to tears.

"Goodbye," he said to the flower.

The flower coughed but it was not for a cold.

"I love you. However, Not only I but also you are foolish."

① + S V, S V

② S V + S V

③ S + S

단서들이 참 깔끔하죠? 세 개의 단서를 적으면서 기분이 참 좋았어요. 이 단순함이 기호를 만든 이유이고, 바로 기호의 힘이거든요.

SCENE 12의 +

When **he watered** the flower (for the last time), **he was** very
　　+　　S　　V　　　　　　　　　　　　　　　　　　　　　　　S　　V
close to tears.

"Goodbye," he said (to the flower).
　　　　　　 S　 V
The flower coughed but **it was not** (for a cold).
　　S　　　　 V　　+　 S　 V
"I love you. How☆ever, Not only **I** but also **you** are foolish."
 S　 V　　　　　　　　　　　　　　　S　 +　　　 S　 V

- When **he watered** the~~flower (for the last time)~~, **he was**: '**그
  가 물을 주었**을 때, **그는 이었다**' 종속+ 'when'이 연결하는 건 S V
  와 S V. 취소선을 그은 부분은 +를 찾는데 아무 상관 없어요.

- **The flower coughed** but **it was not**: '**그 꽃은 기침을 했**지만 **그
  것은 아니었다**' 대등+ 'but'이 앞뒤의 절(S V)을 연결하고 있어요.

- Not only **I** but also **you** are: '**나** 뿐만 아니라 **너**도 이다' 상관+
  'not only A but also B'가 두 개의 S(I와 you)를 연결해줘요.

사실 대등이냐 종속이냐 상관이냐는 별로 중요하지 않아요. 그저
+라고 그릴 수 있으면 충분해요. 다만 이 책을 통해 처음 +와 같은
기호를 접하는 만큼 + 삼형제가 서로 닮았으면서도 다르다는 점을
소개하고 싶었어요. 현실에선 그저 +!

5

to를 만나면 무조건 둘 중 하나 / or ( )

기호의 세상엔 2개의 'to'가 있어요. /를 만드는 'to'와 ( )를 만드
는 'to'.

$$/\text{to sleep} \quad \text{vs.} \quad (\text{to you})$$
V   n

똑같이 생긴 'to'지만 뒤에 오는 단어의 품사가 V냐 V가 아니냐
에 따라 기호가 달라지는 거지요. to와 V가 만나는 순간 to 부정사
(Chapter 2의 4)가 태어나요. 이제 to 뒤에 있는 V는 더는 V가 아닌
R(동사원형)이 돼요. 해석도 달라지고요.

sleep '자다' vs. /to sleep '자는 것(N), 자는(A), 자기 위해(Ad)'
V   R

지금부터 /와 ( )를 그리는 즐거운 시간을 가져 볼까요? 장담하는
데 이번 기호 그리기가 가장 쉬울 거예요. to 뒤에 있는 단어가 R인지
아닌지만 확인하면 되거든요. 이야기는 B612 소행성을 떠나 여행을
시작한 어린왕자와 함께 합니다.

The little prince began /to **visit** other asteroids. (**To him**),
  s   v
The world was a mystery /to **solve**. When he went (**to the**
  s   v   +   s   v
first asteroid), he met a king.
                          s   v
"Come (**to me**)," the king said.
  v   s   v

　2개의 /와 3개의 ( )가 있네요. 'visit(방문하다)'과 'solve(풀다)' 두

개의 V가 to와 만나 R로 변했어요. 이렇게 to R 앞엔 /. 나머지 3개의

전명구도 살펴볼까요? 'him(그)', 'the first asteroid(그 첫 번째 소행

성)', 'me(나)' 어디에도 V나 R은 보이지 않아요. 이럴 땐 to부터 마지

막 N까지 ( )로 묶어주면 돼요.

　다음 장면엔 6개의 'to'가 보이네요. R이 더 많아 보이는군요. 4개의

R과 2개의 N. 모르는 단어는 사전을 통해 뜻과 품사를 확인해 보세요.

The little prince looked everywhere **to find** a place **to sit**

down. But the entire planet was crammed and obstructed by

the king's magnificent ermine robe. There was no place for

the little prince **to rest**. Soon he was tired and yawned.

"**To yawn** in the presence of a king is contrary **to etiquette**,"

the monarch said **to him**.

SCENE 14의 /와 ( )

The little prince looked everywhere /to **find** a place /to **sit**
$\underset{S}{ }$ $\underset{V}{ }$
down. But[18] the entire planet was crammed and obstructed (by
$\underset{+}{ }$ $\underset{S}{ }$ $\underset{V}{ }$ $\underset{+}{ }$
the king's magnificent ermine robe). There was no place (for
$\underset{S}{ }$ $\underset{V}{ }$
the little prince) /to **rest**. Soon he was tired and yawned.
$\underset{S}{ }$ $\underset{V}{ }$ $\underset{+}{ }$ $\underset{V}{ }$
"/To **yawn** (in the presence) (of a king) is contrary (**to etiquette**),"
$\underset{S}{ }$ $\underset{V}{ }$
the monarch said (**to him**).
$\underset{S}{ }$ $\underset{V}{ }$

- /to find: '**찾기 위해**' 앞의 내용이 완전하므로 없어도 되는, 부
  가적으로 쓰이는 Ad(부사) '-위해'

- /to sit down: '**앉을**' 앞에 있는 N(a place(한 공간))을 꾸미는
  A(형용사) '-ㄴ/ㄹ'

- /to rest: '**쉴**' 앞에 있는 N(place(공간))을 꾸미는 A '-ㄴ/ㄹ'

- /To yawn: '**하품하는 것은**' S 자리에 있으니까 N '-것'

- (to etiquette): '**예의에**' 에티켓은 R이 아닌 N

- (to him): '**그에게**' 'him(그)'은 R이 아니니까 ( )

---

18 +는 앞뒤를 연결한다고 했는데 이상하게 But 앞에 '.'이 있네요? + 앞에 있는 절(S V)의 길
   이가 길면 마침표를 찍어 문장의 전체 길이를 조절하기도 해요.

/와 ( ), 괄호와 슬래쉬, 정말 쉽죠? 혼자 세상을 통치하느라 바쁜 왕과의 마지막 대화를 살펴볼까요? 이번엔 몇 개의 to가 등장할까요? Here we go!

SCENE 15

"Sire--over what do you rule?"

"Over everything," the king said to the little prince, with magnificent simplicity.

"And the stars obey you?"

"Certainly they do," the king said. "I also order the sun to set··· now I order you to stay with me."

"I have nothing more to do here," he said to the king. "So I shall set out on my way again."

/ & ( )

① the '그'
② set '지다'
③ stay '머물다'
④ do '하다'
⑤ the '그'

3개의 R과 2개의 ( ), 잘 보이죠? Chapter 4의 마지막 장면 정답을 확인해 봅시다.

SCENE 15의 /와 ( )

"Sire--(over what) do you rule?"
          S   V

"(Over everything)," the king said (to the little prince), (with
                  S   V

magnificent simplicity).

"And the stars obey you?"
 +   S   V

"Certainly they do," the king said. "I also order the sun /to
        S   V   S   V S   V

set… now I order you /to stay (with me)."
        S V

"I have nothing more /to do here," he said (to the king). "So
 S   V   S   V

I shall set out (on my way) again."
S   V

- (to the little prince): '그 어린왕자에게'

- /to set: **'지는 것을'** N

- /to stay: **'머무는 것을'** N

- /to do: **'할'** 앞에 있는 'nothing(N)'을 뒤에서 꾸미는 A

- (to the king): **'그 왕에게'**

와우~ 즐겁게 기호를 소개하고, 퀴즈를 풀며, 함께 그리다 보니 벌써 4개의 챕터가 끝나버렸네요. 이제 겨우 2개의 챕터만 남았어요. 벌써 아쉽네요. 여기까지 따라오느라 고생 많이 한 여러분! 이제 고지가 코앞입니다. 잠시 쉬고 다음 Chapter에서 만나요.

V의 변신은 무죄:
슬래쉬(/)와 함께하는 V의 사촌들

V가 복잡한 이유는 형태가 워낙 다양하기 때문이에요. V 자체도 과거와 현재, 혹은 미래로 변할 수 있지만, to와 결합하기도 하고 –ing나 p.p와 결합해 다른 품사로 변하기도 하거든요. 이번 Chapter 5엔 V의 사촌들이 한자리에 모두 모인다고 하니 함께 만나 봅시다.

1

변신의 귀재 to R

내가 서 있는 그곳이 나의 자리이니라.

이제는 제법 익숙해진 to R. To 부정사는 N, A, 그리고 Ad로 변신할 수 있는 만큼 그 위치도 다양해요.

N 자리

N으로 만들 수 있는 성분은 S, O, 그리고 C. 그렇다면 V를 제외한 모든 자리에 to R이 들어갈 수 있는 거네요. 하나씩 만들어 볼까요?

/**To play** is easy.
  S(n)   V

I like /**to play**.
S V   O(n)

My dream is /**to play**.
  S   V   C(n)

/**노는 것**은 이다 쉬운.

나는 좋아한다 /**노는 것**을.

나의 꿈은 이다 /**노는 것**.

A 자리

보통의 A는 N 앞에 등장하는데 to R이 A의 역할을 할 때는 N의 뒤로 가요. 그러니까 뒤에서 앞으로 꾸미는 거죠.

I have a job /to do.　　나는 가지고 있다 한 일을 /**해야 할**.
　S　V　　　　　a

Ad 자리

잘 아시다시피 Ad는 V의 주변에서 광고(Chapter 4의 3)를 하죠?
또 '부'사답게 '부'가적으로 사용되다 보니 생략해도 큰 문제가 없어
요. To R 역시 이 모든 역할을 똑같이 수행한답니다.

> I came here. 나는 왔다 여기에
> s　v

'내가 여기 왔다.' 아주 간단한 문장이네요. 이것만으로도 완전하
죠?

> I came here /**to see** you. 나는 왔다 여기에 /너를 **보기 위해**
> s　v　　　　　ad

같은 문장 뒤에 to R을 넣어줍니다. 없어도 되지만 to R을 추가하니
까 왜 왔는지 그 이유가 잘 드러나죠? 이게 바로 Ad의 역할이랍니다.

> /**To see** you, I came here. /너를 **보기 위해**, 나는 왔다 여기에
> 　ad　　　s　v

같은 문장에서 Ad의 위치만 앞으로 옮겨 봤어요. 어때요, 문장의

순서와는 상관없이 뜻이 같죠? 다만 S 앞에 쉼표 ','가 하나 추가되었어요. 친절한 문장은 이렇게 쉼표를 찍어주는데, 없는 경우도 많아요. 이렇게 to R이 S 앞에 있으면 Ad 역할을 한답니다.

가짜와 진짜

단칼에 베어버리는 /, 사라지는 / that(Chapter 3의 3)을 기억하시나요? S가 길면 V가 늦게 나오고, 영어를 사용하는 원어민들은 그걸 싫어하고… 그래서 진짜가 뒤로 가고 가짜 'it'이 빈자리를 채우던… 이런 일이 to R에서도 일어난답니다.

/**To play** is easy. /**노는 것**은 이다 쉬운
   s(n) v

아까 만나본 문장인데요, to R이 문장의 맨 앞에 있지만, S가 별로 길지는 않죠? 만약에 이렇게 늘려주면 어때요?

/**To play** (in the playground) is easy. /**노는 것**은 (운동장에서) 이다 쉬운
  s(n)   v

( ) 하나 넣으니까 갑자기 S와 V의 거리가 아주 멀어졌죠? 바로 지금이 가짜가 활약할 순간이랍니다.

이렇게 되면 S와 V가 아주 가까워지죠. It은 가짜 S(가주어), to R은 진짜 S(진주어)가 되고 어쨌든 둘 다 S니까 똑같이 '-은'을 이용해 해석해줍시다. 지금까지 만나본 to R의 다양한 모습을 어린왕자의 장면들 속에서 함께 찾아볼까요?

SCENE 16 ──────────────────────────────

The second planet was inhabited (by a conceited man). (To
　　　　　　S　　　V
him), all other men are admirers.
　　　　　　　　S　　V
"Oh, **you came** here /to admire me," he said.
　　　S　　V　　　　ad　　　S　V
"What does that mean-- 'admire'?"
　　　　　　　S　　V
"/To admire **means** th/at you regard me (as the handsomest,
　S(n)　　　V　　　S　　V
the best-dressed, the richest, and the most intelligent **man**) /to
　　　　　　　　　　　　　　　　　　　　　　+
treat (on this planet)."
　a
"**It** is strange /to admire you because you are the only one here."
　S V　　　　　n　　　+　　　S　V

- **you came** here /to admire: '**너는 왔다** 여기에 /**존경하기 위해**' to R을 제외해도 해석에 문제가 없죠? 이때 to R은 Ad로 '왜 왔는지' 부가 설명을 담당해요.
- **To admire means**: '**존경하는 것은 의미한다.**' to R 뒤에 V가 있다는 건 S 자리라는 뜻, S는 뭐로 만든다? N, 그러니까 해석은 '-것'이겠죠?
- **man**)/to treat: '**남자** /**대해야 할**' to R 앞에 N이 보여요. To R이 A 의 역할을 할 때는 N의 뒤로 간다는 걸 잊지 마세요.
- **It** is strange /to admire: '**그것은** 이상하다 /**존경하는 것은**' 맨 앞 에 it이 있고 뒤에 to R이 나오는 걸 보니 '가짜와 진짜'로 의심됩니 다. 이럴 땐 양쪽 모두 '-은/는'을 넣어 해석해보세요. 별문제 없으 면 it과 to R은 가주어 진주어 관계가 맞아요.

To R을 찾아 /를 그리는 건 이제 충분히 익숙할 테니 좀 더 구체적 으로 to R의 역할을 N, A, Ad로 적어주세요. 진하게 표시된 단서들을 참고하세요.

SCENE 17

The next planet was inhabited by a tippler. This was a very short visit, but it plunged the little prince into deep dejection.

"What are you doing there?" he said to the tippler.

"**I am drinking** to forget," replied the tippler, with a lugubrious air.

"Forget what?" The little prince **wanted** to help him.

"Forget that I am ashamed of drinking. That is **the reason** to drink."

It is strange enough to drink to forget drinking. And the little prince went away, puzzled.

SCENE 17의 /

The next planet was inhabited (by a tippler). This was a very
     s   v   s   v
short visit, but it plunged the little prince(into deep dejection).
     +   s   v

"What are you doing there?" he said (to the tippler).
     v   s   s   v

"**I am drinking** /to forget," replied the tippler, (with a lugubrious
 s v   ad   v   s
air).

"Forget what?" The little prince **wanted** /to help him.
                     s   v   o(n)

"Forget that I am ashamed (of drinking). That is **the reason** /to
           s   v   s   v
drink."

It is strange enough /to drink /to **forget** drinking. And the little
 s v   n   ad   +
prince went away, puzzled.
   s   v

- **I am drinking /to forget:** '**나는 이다 술 마시는 중 /잊기 위해**' to R이 없어도 해석에 문제가 없으니까 Ad.
- **wanted /to help:** '**원했다 /돕는 것을**' '원하다'의 목적어(O) 자리니까 N.
- **the reason /to drink:** '**그 이유 /술 마실**' 앞에 있는 N을 꾸미는 A.
- **It is strange enough /to drink:** '**그것은 이상하다 충분히 /술 마시는 것은**' it(가짜 S)과 to R(진짜 S)은 같은 S이므로 to R은 N.
- **It is strange enough /to drink /to forget:** '**그것은 이상하다 충분히 /술 마시는 것은 /잊기 위해**' 마지막 to R이 없어도 해석에 아무 문제가 없고, 또 이유를 나타내니까 부가적인 Ad.

/의 종류를 구분하는 마지막 연습을 해볼까요? 아래에 따로 단서가 있지만, 처음엔 보지 않고 스스로 생각해서 그려보세요.

SCENE 18

The fourth planet belonged to a businessman. This man was too much occupied to greet the little prince. His job was to calculate numbers.

"Five-hundred-and-one million what?" asked the little prince.

"I have so much to do! I don't want any visitors to disturb me. It is very important to count things correctly."

그나저나 이 바쁜 사업가, 왠지 유명한 누구 닮은 거 같지 않아요?
미국 대통령이었던… 물론 지극히 개인적인 생각입니다.

① This man was too much occupied

② His job was

③ much

④ any visitors

⑤ It

SCENE 18의 /

The fourth planet belonged (to a businessman). **This man was**
  s   v   s   v

too much occupied /to greet the little prince. **His job was** /to
  ad   s   v

calculate numbers.
  c(n)

"Five-hundred-and-one million what?" asked the little
  v

prince.
  s

"I have so **much** /to do! I don't want **any visitors** /to disturb
  s v   a   s   v   a

me. **It** is very important /to count things correctly."
  s v   n

- **This man was too much occupied /to greet**: '**이 남자는 이었다 너무나 많이 바쁜 /맞이하거에**' to R 부분을 생략해도 해석이 되니 Ad.

- **His job was /to calculate**: '**그의 직업은 이었다 /계산하는 것**' be V는 2형식, 그럼 뒤에 C(보어)가 필요한데 C는 A(계산하는)와 N(계산하는 것)으로 만들어요. 여기에선 N이 좀 더 자연스럽죠?

- **much /to do**: '**많은 것 /해야 할**' to R이 N을 뒤에서 앞으로 꾸며 주고 있으니까 A.

- **any visitors /to disturb**: '**어떤 방문객들 /방해하는**' 앞에 있는 N을 꾸며 주는 A

- **It is very important /to count**: '**그것은 이다 매우 중요한 /세는 것은**' 가짜와 진짜, 가주어 진주어.

V를 이해하면 영어의 반을 이해했다고 해도 될 만큼 V는 중요해요. 거기엔 to R의 다양한 활용을 이해하는 게 큰 몫을 차지한답니다. V의 변화 중 가장 큰 지분을 차지하는 to R을 열심히 살펴봤으니 여러분의 기호 내공은 한층 더 업그레이드되었을 거예요. 제가 장담합니다. 잠시 한숨 돌리고 또 다른 V의 사촌들을 만나봅시다.

2

Be V와 to R이 만나면?

"이야~ 이야기도 많이 읽고 기호도 제법 그려봤으니 이제 to R 정도
는 마스터한 거 아니겠어? 세상 뿌듯하구먼." 이라고 생각한 당신에게
다음 문장을 드립니다.

The seminar is /to start (at 1 PM). 그 회의는 이다 /_____ (1시에)
　　　　　s　　　v

여기 있는 to R(to start)은 N(시작하는 것), A(시작하는), Ad(시작
하기 위해) 혹은 가짜 진짜 중 과연 뭘까~~~~요? 째깍째깍⋯ 시간
이 흘러가고 답은 나오지 않네요?

The seminar is /to start (at 1 PM). 그 회의는 이다 /시작하는 것 (1시에)
　　　　s　　v　　c(n)

뭔가 잘못 배운 걸까요? 분명히 be V 다음에 to R이 오면 C(보어)
자리라 N(시작하는 것)으로 쓴다(Chapter 5의 1)고 했는데 '그 회의
는 1시에 시작하는 것이다?' 해석이 좀 이상하죠?

아주 오랫동안 우리나라의 언어가 변해왔듯 영국의 언어 역시 긴 세월 동안 많은 변화를 겪어 왔답니다.

초기영어(5C[19] 이전) - 고대영   19 C = Century = 세기, 1세기 = 100년
어(5-11C) - 중세영어(11-15C) - 현대영어(15C 이후)

여러분이 잘 아는 동사의 조수, HV(조동사), can(능력), will(미래), should(권고), must(강한 의무), may(허락, 추측)와 같은 것들은 중세영어 시대에 태어났답니다. 알다시피 HV는 S와 V 사이에 들어가 다양한 뜻을 가진 문장을 만들어 주지요. 그런데 말입니다, 이 시기에 조동사 혼자 태어난 게 아니랍니다. 지금 소개할 'be to'도 같은 시기에 함께 탄생했거든요.

'Be to'가 뭐냐? Be V와 to R이 결합한 형태를 가리켜요. 그럼 그냥 2형식 아닌가? 네, 그렇게 단순하지 않답니다. 그래서 저 위에 있는 문장 해석이 어색했던 거예요. 그렇다면 be to는 어떻게 해석해야 할까요? 놀랍게도 같은 시기에 태어난 조동사들과 해석이 비슷하답니다.

Be V와 to R을 결합해 미래를 나타내는 'will(~일 것이다)'이나 의무를 나타내는 'must(해야 한다)'와 유사한 의미의 문장을 만들 수 있어요.

The seminar is /to start (at 1 PM). 그 회의는 시작할 예정이다 (1시에)
    S   V

I am /to submit the report (about the seminar).
 S V
나는 제출해야한다 그 보고서를 (그 회의에 관한)

그러니까 조동사(HV) 자리에서 be V와 to R이 오면 HV와 같은 역할과 해석을 하는 거였군요. 깨달음의 순간입니다. 여기서 똑똑한 여러분들은 두 가지 질문이 떠오를 거예요.

똑똑이 질문 1

The seminar is /to start (at 1 PM). = The seminar will start (at 1 PM).
　　　　　　　S　　V　　　　　　　　　　　　　　　S　　　V

Be to와 HV will의 뜻이 같다면 뭐 하러 두 개나 만들어 사용했을까요? 괜히 외울 거 늘어나게 말이에요. 당연히 뜻이 살짝 달라요. 'Will'은 미래 '의지'를 강조하는 반면 be to는 미래 '예정' 상황에 쓰인답니다. '나는 달나라에 꼭 갈 거야(will)' 이건 본인의 의지겠죠? '다음 주에 방학할 거야(be to)'는 예정된 거고. 이런 식의 뉘앙스 차이를 이해하면 돼요.

마찬가지로 must는 '개인적인 생각에 따른 의무'를, be to는 '계획된 의무'를 보여준다는 차이가 있어요. '밥 먹고 나가야 한다(must)'와 '한국 남자는 성인이 되면 대부분 군대에 가야 한다(be to)'처럼.

똑똑이 질문 2

오케이, HV와 같으면서도 다르다는 것, 이해했어요. 그런데 be to

끼리는 어떻게 구분하나요? 예를 들어 'be to go'가 '갈 것이다'도 되고 또 '가야 한다'도 되잖아요.

크~ 똑똑씨의 똑똑한 질문이었습니다. 맞아요. 그래서 정확한 be to의 의미는 겉으로 드러나지 않고 주변을 살펴봐야 해요. 분명히 단서가 있거든요.

철수: "아, 화장실 급한데 어떡하지?"

영희: "어서 다녀와, 회의는 1시에 **시작할 예정이니까**

vs. **시작해야 하니까** 아직 10분 정도 여유가 있어."

철수: "그래? 고마워~"

대화가 자연스러우려면 be to의 해석은 'will'과 비슷한 '예정'으로 해야겠죠? 이렇게 주변을 보면 be to의 자연스러운 해석을 짐작할 수 있어요. 여러분은 그저 be V와 to R이 결합해 HV와 아주 비슷한 의미를 만들어낸다 정도만 기억하면 돼요.

언어는 사람이 쓰는 말이기 때문에 계속해서 변한답니다. 지금까지의 내용이 복잡했다 해도 너무 염려 마세요. 여러분은 조동사(HV)만 잘 사용하면 돼요. 대부분 원어민도 be to 대신에 HV를 주로 사용하고 있어요. 아니 그렇다면 괜히 머리 복잡하게 이런 걸 왜 굳이 알려 주냐고요?

여전히 책 속에선 제법 등장하고 있고 시험에도 가끔 나오기 때문이에요. 여러분 모두가 영어를 너~무 사랑해 이 책도 자발적으로 즐겁고 신나게 읽고 있는 걸 잘 알지만, 기왕 보는 김에 성적도 잘 받으면 좋잖아요. 기호 왕인 여러분에게 이제 be to는 껌이에요.

$$be\ to = be\ V + to\ R = 의무, 예정$$

이제까지 살펴본 be to를 어린왕자의 이야기 속에서 만나 봐요.

SCENE 19 —————————————————————

The fifth planet was very strange. It was the smallest (of
          s   v   s   v
all). There was just enough room (on it) (for a street lamp and a
         s   v   +
lamplighter). **His job was** /to manage his lamp. He just put out his
              s   v   c(n)   s   v
lamp.

"Good morning, Why did you just put out your lamp?"
                               s   v
"Those are the orders. Now **I am** /to **light** it again."
    s   v   s   v
"**Why?**"

"**I am** /to **manage** it."
 s   v

- **His job was** /to manage: **'그의 일은 이었다 /관리하는 것'** '-것'으로 해석이 자연스러운 걸 보니 여기의 to R은 N이군요.

- **I am** /to **light**: **'나는 켤 예정이다', '나는 켜야 한다.'** be to로 의무와 예정 두 가지 해석이 모두 잘 어울리네요. 이럴 땐 본인의 의도대로 어느 쪽으로 해석해도 상관없어요.

- **I am** /to **manage**: **"나는 관리해야 한다."** 바로 위에 있는 **"왜?"**라는 물음에 "나는 관리할 예정이다"라는 말은 어울리지 않죠? 이렇게 be to의 의미를 파악할 수 있어요.

다음 장면엔 사이좋게 2개의 be to와 2개의 to R의 N이 숨어 있어
요. 잘 찾아서 역할까지 함께 그려보세요.

SCENE 20 ——————————————————————

"You are so busy. When are you putting out your lamp
again?"

"After one minute, **I am to put out** my lamp again," replied
the lamplighter.

"Why?"

"**My job is to do** it. That's all." He continued. "I always **want
to rest** but I can't. **The sun is to rise** soon."

SCENE 20의 /

"You are so busy. When are you putting out your lamp
_{S   V   V   S}
again?"

"(After one minute), **I am /to put** out my lamp again," replied
_{S V   V}

the lamplighter.
_S

"Why?"

"**My job is** /to do it. That's all." He continued. "I always **want**
  S V C(n)   S V   S   V   S   V
/to rest but I can't. **The sun is** /to rise soon."
 O(n) + S V   S   V

- **I am** /to put out: '**나는 끌 예정이다**', '**나는 꺼야 한다**' 둘 다 괜찮죠? 하지만 '나는 이다 끄는 것'은 안 되죠. 그러니까 be to.

- **My job is** /to do: '**나의 일은 이다** /**하는 것**' be V 다음에 to R이 C(보어)로 해석이 잘 되죠? 한번 틀려볼까요? '나의 일은 (그것을) 할 예정이다' 언뜻 보면 맞는 것도 같지만 그것(램프를 켜고 끄는 것)을 하는 주체는 '일'이 아니라 '사람'이죠. '나의 일은 해야 한다' 이것 역시 같은 이유로 어색하군요.

- **want** /to rest: '**원한다** /**쉬는 것을**' 복잡한 be to를 봤더니 V의 O(목적어)로의 to R은 아주 쉬운 느낌이네요. N = '-것'

- **The sun is** /to rise: '**그 태양은 뜰 예정이다**' 좋아요, '그 태양은 떠야한다'는 이상하죠. 쉴 수 없는 이유가 '태양이 떠야 해서'는 아닐 테니까요. '그 태양은 이다 /뜨는 것' 이건 많이 이상합니다. 역시나 be to.

    be to가 이제 익숙해졌죠? 많이 뿌듯해해도 좋아요. 사실 이게 제법 수준 있는 표현이거든요. 기호를 사용하는 우리에겐 별거 아니지만요. 자, 이제 어린왕자가 지구에 도착하기 직전 방문한 행성으로 함께 떠나 보자고요.

The sixth planet was ten times larger than the last one. The little prince saw a geographer and voluminous books.

"I am to check explorers' moral character," the old gentleman said to him.

"Why is that?" asked the little prince.

"If they lie, my books would be incorrect. My work is to record what they explore."

① I am 그리고 Why

② My work is

SCENE 21의 /

The sixth planet was ten times larger (than the last one). The
　　　　　　　　　　S　　　V
little prince saw a geographer and voluminous books.
　　　　　S　　　V　　　　　　　　　　+
"I am /to check explorers' moral character," the old gentleman
　S　V　　　　　　　　　　　　　　　　　　　　　　　S
said (to him).
　V
"Why is that?" asked the little prince.
　V　 S　　V　　　　　S
"If they lie, my books would be incorrect. My work is /to
　+　 S　 V　　 S　　　　V　　　　　　　 S　　V

record (w͜hat[20] they explore)."
       S   V

20 앞에서 살펴봤던 △ that은 분명 ⌒가 삼각형 위에서 앞쪽으로 넘어갔는데 △ what은 뭐고 또 ⌒는 △ 자체를 가리키고 있는 걸까요? Chapter 6의 2에서 만나게 될 건데 신선한 자극을 위해 잠깐 슬쩍 앞에 등장시켜 봤답니다. △ that은 '-ㄴ/ㄹ,' △ what은 '-것'으로 해석하면 돼요.

• **I am /to check**: '**나는 확인해야 한다**.' 뒤이어 왜 그렇게 하냐는 어린왕자의 질문에 지리학자와 탐험가의 관계를 설명하고 있어요. 그래서 '나는 확인할 예정이다' 보다는 지리학자의 일반적인 평소 직업적 의무를 설명하는 be to의 해석이 더 잘 어울려요. '나는 이다 /확인하는 것' 이건 전혀 어울리지 않죠?

• **My work is /to record**: '**나의 직업은 이다 /기록하는 것**' to R의 N으로 해석되네요. '나의 직업은 기록할 예정이다'와 '나의 직업은 기록해야 한다.' 기록은 누가 한다? 직업이? 아니, 사람이! 그렇게 be to의 해석은 탈락.

이렇게 또 기호 /와 함께 to R의 N, A, Ad 그리고 be to까지 정복하는 여러분입니다. 참 잘했어요. 짝짝짝!!!

3

동태 두 마리

철수: "명태 퀴즈! 얼렸다 녹였다 반복하면?"

영희: "황태!"

철수: "그러다 따뜻해져 속이 까만 건?"

영희: "먹태!"

철수: "바짝 완전히 말리면?"

영희: "북어!"

철수: "얼리면?"

영희: "동태!"

철수: "직접 하면?"

영희: "응?"

철수: "땡! 능동태! 당하면?"

영희: "응??"

철수: "땡! 수동태!"

영희: "???"

막힘없이 대답하던 영희가 동태 이후 무너지네요.

따로 또 같이, 능동태와 수동태

설마 철수의 농담처럼 동태 앞에 '능'과 '수'가 붙은 건 아니겠죠?

'능' + 동태 & '수' + 동태 → 능동 + '태' & 수동 + '태'

쉽게 '능동'은 뭔가를 직접 능동적으로 하는 모습이, '수동'은 반대의 모습이 예상됩니다. 그럼 '태'는 뭘까요? 감이 잘 안 오죠? 한 글자만 앞에 붙이면 금세 이해될 걸요?

'태' = '(형)태'

와우. 그러니까 능동태는 '능동적인 형태', 수동태는 '수동적인 형태'의 줄임말이었군요. 그런데 뭐가요? S와 V의 관계가요. 철수가 바다에 갑니다.

철수는 잡는다 동태를
S   V   O

멀티버스(multiverse)[21]는 아니지만, 철수가 동태를 잡는 순간[22] 동태에겐 어떤 일이 생길까요? 동시에 동태는 철수에게 잡히죠.

21 다중 우주: 지구가 속한 우주와 닮은 우주 여러 개가 거품처럼 맞닿아 있다는 이론으로 영화 스파이더맨이나 어벤져스 시리즈에 자주 등장해요.

22 이 타이밍에 정색하며 '동태를 어떻게 잡냐? 명태를 잡지!' 이러기 있기 없기?!

> 철수는 잡는다 동태를 = 동태는 잡힌다 (철수에 의해)
>   S   V   O   S   V

두 개의 문장은 분명 다르게 생겼는데 같은 의미이죠? '잡다'라는 하나의 행위(V)와 관련, 어느 쪽(철수 혹은 동태)을 S 자리에 두냐에 따라 이러한 차이가 생긴답니다. 결국 '능동태는 S가 V를 능동적으로 직접 하는 형태', '수동태는 S가 V를 당하는 형태'로 이해할 수 있겠네요.

두 문장이 다르게 생겼지만 의미가 같다면 언제든 서로 바꿔 사용할 수도 있겠죠?[23]

23 3형식 능동태가 수동태로 바뀌면 형식도 바뀔까요? 아뇨, 능동이든 수동이든 형식은 같아요.

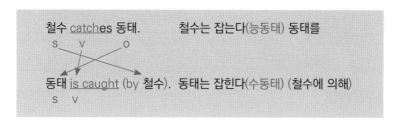

많이 정리된 거 같죠? 능동태를 수동태로 바꿀 때 S는 ~인 'by' 뒤로 가고, O는 앞자리로 이동해 S가 돼요. 여기까진 아주 쉽죠? 살짝 아리송한 부분은 '잡다(catch)'가 '잡히다(is caught)'로 바뀌는 부분인데요. 이건 하나의 약속이랍니다. 수동태는 be V와 p.p를 결합해 만들어 주기로요.

수동태 = be p.p

삐삐? 피피! 누구냐 넌?

시간을 달리는 V(Chapter 2의 2)에서 V의 현재와 과거를 소개한 적 있어요. 'love(사랑한다)'와 'loved(사랑했다)'처럼 V는 시제에 따라 그 형태가 변하죠. 지금 소개하려는 p.p 역시 V에서 태어난 사촌 중 하나랍니다. '잡다'라는 단어를 네이버 사전으로 검색한 결과를 함께 볼까요?

두 장의 이미지를 겹쳐 보여드리고 있는데 위에는 한글로, 아래는 영어로 V의 형태 변화를 보여주고 있어요. 위에 있는 이미지를 보면 V의 과거형(①)과 과거분사(②) 둘 다 'caught'로 똑같이 생겼네요. 이번엔 위아래 상자를 함께 보세요. 한글 '과거분사(②)'가 영어로 'past participle(③)'이군요. 앗? 혹시 그렇다면? 맞아요. 앞글자만 따서 p.p 이렇게 '피피'가 탄생합니다.

과거 분사 = past participle = p.p = 피피

이렇게 어떤 V의 과거형이나 p.p를 알고 싶으면 간단히 사전을 검색해보면 돼요. 늘 얘기하지만, 처음부터 다 외우려 할 필요 없어요. 반복해 찾다 보면 저절로 외워진답니다. 중요한 건 사전을 직접 검색해보는 것, 모든 답은 사전 속에 있다는 것, 잊지 마세요.

V의 과거형과 피피는 똑같나?

답은 그렇기도 하고 아니기도 하답니다. 먹고 사는 문제가 가장 중요하니 V 'eat'를 검색해볼까요?

보다시피 검색 결과는 ate(과거V)와 eaten(p.p)으로 서로 다르죠. V의 과거가 규칙적인 형태 '-(e)d'[24]가 아니라면 p.p는 반드시 직접 확인하는 습관을 갖는 게 중요해요.

24 이 경우엔 과거V와 p.p가 99% 똑같이 생겼어요. 하지만 1%의 예외도 있으니 주의하세요.

능동태(active voice)와 수동태(passive voice), p.p(과거분사)도 알게 되었으니 이제 긴 여행 끝에 지리학자의 조언에 따라 드디어 지구에 도착한 어린왕자의 이야기를 살펴봅시다.

So then the seventh planet was the Earth.
                 S   V

"Good evening," said the little prince courteously. "Where am I?"
               V   S   V S

"This is the Earth; this is Africa," the snake answered.
  S V   S V   S   V

"You are no thicker (than a finger)."
  S V

"But everything <u>is sent back</u> (to the earth) (by me)," the
+   S   V
snake continued.
  S   V

"You can <u>be helped</u> (by me). I can…"
  S   V   S V

- everything <u>is sent back</u> (by me): '모든 것은 **되돌려 보내진다 (나**
에 의해)' 만약 'sent'가 똑같이 생긴 과거V 라면 is(v) sent(v) 이렇
게 기호를 그려야 하겠죠? 하지만 + 없이 V 2개를 연속으로 그릴
수 없으니 'is sent'는 'be p.p' 수동태가 맞겠네요.

- You can <u>be helped</u> (by me): '너는 도움 **받을 수 있다 (나에 의해)**'
만약 'helped(도왔다)'가 과거V 라면 '뭐를 도왔는데'의 대상이 되
는 O가 뒤에 있어야 해요. 그런데 아무것도 보이지 않죠? 이런 방
식으로도 helped가 V가 아님을 판단할 수 있어요. 앞에 HV(can)가

있지만 V 표시는 be V에 해주세요.

수동태는 두 개의 단어(be p.p)로 이루어져 있어서 찾기가 쉽죠? 이번엔 직접 수동태에 밑줄과 기호를 그려보세요. V처럼 생긴 모든 것에 표시를 해둘게요.

SCENE 23 ───────────────

The little prince **crossed** the desert and only one flower **was** met by him.

It **was** a flower with three petals, a flower of no account at all.

"Good morning, where **are** the men?" the little prince **asked**, politely.

"Men?" she **echoed**. "I **saw** six or seven of them, several years ago. But one never **knows** where to find them."

The little prince **was** disappointed.

SCENE 23의 be p.p(수동태)

The little prince **crossed** the desert and only one flower <u>**was**</u>
S V + S V
<u>**met**</u> (by him).

It **was** <u>a flower</u> (with three petals), <u>a flower</u> (of no account) (at all).
S V =25
"Good morning, where **are** the men?" the little prince **asked**,
V S S V
politely.

"Men?" she **echoed**. "I **saw** six or seven (of them), several
S V S V +
years ago. But one never **knows** where /to find them."
+ S V
The little prince <u>**was disappointed**</u>.
S V

- one flower <u>**was met**</u> (by him): '한 꽃은 만나졌다 (그에 **의해**)' 일단 수동태가 되려면 be V는 무조건 있어야겠죠? '만났다'가 아니라 '만나졌다[26] 표현이 상당히 어색하지만, be p.p의 해석은 이게 맞아요.

26 외계인도 아니고 영어를 사용하는 사람들은 이렇게 어색한 문장을 실제로 쓸까요? 그들도 우리와 같은 사람인데 설마 저렇게 표현하겠어요. 지금은 be p.p 연습을 위해 일부러 바꾼 거지요. 일상 대화에선 수동태가 거의 쓰이지 않아요. 다만 과학 연구 혹은 실험 결과를 다루는 글이나 논문에선 'I(나)'라는 단어를 거의 사용하지 않는 대신 수동태 be p.p를 적극적으로 활용한답니다.

- The little prince <u>**was disappointed**</u>: '어린왕자는 **실망했다**' 'disappoint'는 '실망시키다'라는 V에요. 꽃의 이야기는 어린왕자를 '실망시켰고(능동태)', 어린왕자는 꽃의 이야기에 의해(by) '실망당했고(수동태)'. 우리말로는 대단히 어색하지만 바로 이 차이를 이해해야 능동태와 수동태를 쉽게 구분할 수 있어요. 또한 이 문장

25 ',' 쉼표를 중심으로 앞뒤에 있는 <u>a flower</u>는 서로 같아요. 이럴 때 ','는 동격의 의미인 '='로 표시해 주세요.

엔 by 전명구( )가 보이지 않죠? 이렇게 의미를 쉽게 파악할 수 있을 때는 ( ) 생략이 가능해요.

두 마리의 동태 이야기도 벌써 끝을 향해 가는군요. 모두 잘 따라오고 있어요. be p.p에 밑줄을 긋고 기호도 함께 그려보세요.

SCENE 24 ——————————————————————

After walking for a long time through sand, rocks, and snow, roads were seen by him. A lot of flowers were also found. The little prince gazed at them. They all looked like his flower.

"Good morning, who are you?" he demanded, thunderstruck.

"We are roses," the roses said.

"Alas!" The little prince was overcome with sadness.

① see의 p.p

② find의 p.p

③ overcome의 p.p

SCENE 24의 be p.p

After /walking [27] (for a long time) (through sand, rocks, and
snow), roads <u>were seen</u> (by him). A lot (of flowers) <u>were also</u>
<u>found</u>. The little prince gazed (at them). They all looked (like
his flower).

"Good morning, who are you?" he demanded, / thunderstruck. [28]
"We are roses," the roses said.
"Alas!" The little prince <u>was overcome</u>(with sadness).

- roads <u>were seen</u> (by him): '도로들은 **보여졌다** (그에 의해)' '그가
  도로들을 보았다'라는 말을 수동태로 바꾼 거군요.

- A lot (of flowers) <u>were also found</u>: '많은 꽃들은[29] 또한 **발견되었**
  다' 'found(발견했다)'를 과
  거V로 볼 경우 '뭘(O) 발견했
  는지?'의 대상이 뒤에 보여야
  하는데 없죠. 이렇듯 V 뒤 O
  의 유무를 통해 능동태와 수

  29 S는 첫 번째 N인 'lot' 아래에 그렸는데 정
  작 해석은 '꽃들은' 하고 전명구 안에 있는 N
  을 S처럼 해석하고 있어요. 'a lot of'가 '많
  은'이라는 뜻을 이해하면 그리 어렵지 않은
  데요. 규칙에 따라 기호를 그리다 해석이 어
  색해지는 순간엔 자연스러운 해석을 우선하
  세요. 결국 기호도 올바른 해석을 하기 위한
  하나의 도구일 뿐이니까요.

  동태를 구분하는 습관을 들이면 답을 찾을 때 아주 유용하게 써먹
  을 수 있답니다.

- The little prince <u>was overcome</u>: "어린왕자는 **압도되었다**" V

---

27 이렇게 -ing에 /와 ⌒가 함께 있는 것 또한 p.p의 활용 중 하나랍니다. 다음 Chapter 5의 4
   와 5에서 만나게 될 거예요. 조급해하지 않기.

28 이렇게 p.p에 /와 ⌣를 함께 그리는 것 역시 바로 위 ⑦번과 같아요. 곧 만나요.

'overcome'은 현재V와 p.p의 형태가 같으니 기호를 그릴 때 주의하세요.

능동태는 V 뒤에 O가 있다 = 수동태는 V 뒤에 O가 없다[30]

30 3형식 S V O의 경우

와우~ 동태 두 마리. 장난 아니네요.

4

사랑하는 능동이(-ing), 사랑받는 수동이(p.p)

어라? 제목이 뭔가 많이 익숙한데요? 분명 지난 시간에 동태 두 마리(Chapter 5의 3), 능동태와 수동태를 배웠는데 '능동이'와 '수동이'는 또 뭘까요? 같은 건데 이름만 귀엽게 바꾼 건가?

능동태와 수동태 = 동사의 형태

능동(이)와 수동(이) = 분사(participle)

묻지도 따지지도 말고 지금 당장! 기억하세요. 평생 요긴하게 써먹습니다. 분사(P)의 탄생.

A huge baby eats jelly. 한 거대한 아기는 먹는다 젤리를
     s   v

huge/ baby 거대한/ 아기
  a   n

A는 보통 이런 식으로 뒤에 있는 N을 꾸며 주죠. 그렇다면 '먹는 아기'는 이렇게 만들까요?

$$\underset{V \quad n}{eat/ \; baby} \; 먹는다/ 아기$$

우리가 만들고 싶은 건 '먹는다 아기'가 아니라 '먹는 아기'였죠. V를 A로 바꿔야 하는데 어떻게 할까요? V의 분신술이 펼쳐지는 순간입니다.

V의 분신술

철수: "앗! 적이다!"

영희: "이번엔 또 뭐냐."

철수: "안되겠다. 적이 너무 강력하다. 분신술을 펼쳐야겠다. 얍!"

영희: "앗 철수가 두 명으로 늘어났네?"

철수: "어떠냐! 하하하!"

영희: "재미있냐."

V도 철수처럼 분신술을 펼칠 수가 있어요. 능동이(-ing)와 수동이(p.p)로 말이죠.

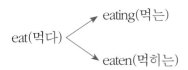

분명히 'eat'은 '-다'로 끝나는 V인데 -ing를 더하거나 p.p 형태로 바꿔주니 A(-ㄴ)로 변했네요? 말 그대로 없었는데 있네요?

능동이(-ing)

eating/ baby 먹는/ 아기

바로 이거였군요! 마음에 평화가 찾아옵니다. 이렇게 V가 -ing나 p.p로 그 모습을 바꿔 A 역할 하는 것을 분사(P)라고 합니다. 그중 -ing는 직접 하는 능동이. 이제 젤리를 줘 볼까요?

eating/ jelly baby 젤리를 먹는/ 아기

아! 이게 무슨 코미디인가요. 한 번 해병은 영원한 해병이듯 한번 3형식 동사(V)는 분사(P) 능동이(-ing)로 그 형태가 변해도 뒤에 목적어(O)를 끌고 다니는 걸 포기하지 않아요. 덕분에 분사인 'eating'이 'baby'를 꾸미는 데 큰 문제가 생겨 버렸네요. 진정 저 거대한 화살표를 참아가며 기호를 그려야 할까요?

baby /eating jelly 아기 /젤리를 먹는

짜잔~ 능동이(-ing)를 뒤로 보내주면 모든 게 한 방에 해결되지요! O(jelly)를 끌고 다니면서도 자신이 꾸미려는 N(baby)과 아주 가깝게 자리 잡았죠? 이게 바로 유연한 문법의 힘이랍니다.

수동이(p.p)

능동이의 반대 p.p는 당하는 수동이. 이번엔 젤리의 입장이 되어 볼까요?

eaten/ jelly 먹히는/ 젤리

살못해서 'eating jelly'라고 쓰면 아기를 '잡아먹는/ 젤리'가 될 수도 있어요. 조심~

eaten/ (by a huge baby) jelly 먹히는/ (한 거대한 아기에 의해) 젤리

'eaten'과 'jelly' 사이가 너무 멀어져 버렸죠? 아까처럼 초거대 화살표를 그릴 수도 없고 이럴 땐 어떻게 하면 된다? 네, 자리를 뒤로 이동시키는 거죠.

jelly /eaten (by a huge baby) 젤리 /먹히는 (한 거대한 아기에 의해)

역시나 수동이(p.p)의 자리를 뒤로 이동해주니 간단하게 해결되었어요. 정리해볼까요?

-ing/ N /-ing O 능동이 '-하는'
p.p/ N /p.p ( ) 수동이 '-되는'

SPEED QUIZ

ⓐ 능동이와 수동이 둘 다?   분사(P)!

ⓑ 능동이는?   -ing!

ⓒ 수동이는?   p.p!

ⓓ 능동이 뜻은?   '-하는'!

ⓔ 수동이 뜻은?   '-되는'!

ⓕ 능동이는 화살표를?   위로!

ⓖ 수동이는 화살표를?   아래로!

ⓗ 능동이 수동이가 혼자 있을 땐?   N 앞에!

ⓘ 함께하는 식구가 있을 땐?   N 뒤에!

SCENE 25 ———————————————————

(At that moment), the fox appeared.
                 S   V

"Good morning," said the fox.
                     V   S

"Good morning," the little prince /**hearing the voice** responded
                         S   V

politely although when he turned around he saw nothing.
   +   +   S   V   S   V

"I am right here (under the apple tree)." the **smiling**/ fox said.
S V   S   V

"You look very pretty," the **surprised**/ little prince responded.
  S   V   S   V

- the little prince /**hearing the voice**: '어린왕자 /**그 목소리를 듣는**' 능동이 'hearing'이 O인 'the voice'와 함께 있다 보니 꾸며 주려는 N과 가까이 있기 위해 뒤로 이동했어요.
- the **smiling**/ fox: '그 **웃고 있는**/ 여우' 능동이(smiling)가 혼자라서 편하게 앞자리에 위치했어요.
- the **surprised**/ little prince: '그 **놀란**/ 어린왕자' 혼자 있는 수동이(surprised)는 역시 앞에 오는 군요.

다음 장면엔 두 개의 P(분사)가 들어있어요. 능동이와 수동이 각각 한 개씩요. 슬래쉬와 화살표를 직접 그려보세요.

SCENE 26 ——————————————————————

"Come and play with me," proposed the little prince. "I am so unhappy."

"I cannot play with you," the fox said. "Only a **tamed** animal can play with you."

"What does that mean--'tame'?" the little prince **standing next to the fox** asked.

"Come and play (with me),"proposed the little prince. "I am so
    V   +   V   V   S   S V
unhappy."

"I cannot play (with you)," the fox said. "Only a **tamed**/ animal
 S   V   S   V   S
can play (with you)."
    V

"What does that mean--'tame'?" the little prince /**standing (next**
          S   V   S

to the fox) asked.
            V

- a **tamed**/ animal: '한 **길들여진**/ 동물' 수동이(tamed) 혼자 뒤에 있
  는 N 꾸미기.

- the little prince /**standing (next to the fox)**: '어린왕자 /**서 있는
  (그 여우 옆에)**' 능동이(standing)가 뒤에 전명구를 데리고 있지
  요? 그래서 꾸며 주는 N(prince)의 뒤로 이동한 모습입니다.

    어린왕자 이야기 중 가장 예쁘고도 슬픈, 여우의 길들이기 이야기
로 마지막 능동이와 수동이 연습을 해볼까요? P(분사)를 그릴 땐 반
드시 /와 ⌒를 함께 사용하는 거 잊지 말고요.

SCENE 27

"It would have been better to come back at the same hour,"
said the fox watching the little prince. "If, for example,
you come at four o'clock, then at three o'clock I shall find

myself beginning to be happy." The excited fox continued.

"I shall feel happier and happier as the hour advances."

① watching

② being

③ excited

SCENE 27의 P(분사)

"It would have been better /to come back (at the same hour),"
S   V
said the fox/**watching the little prince**. "If, (for example),
V   S³¹   +
you come (at four o'clock), then (at three o'clock) I shall find
S   V   S   V
myself /**beginning** /to be happy." The **excited**/ fox continued.
                                         S   V
"I shall feel happier and happier as the hour advances."
S   V   +   +   S   V

• the fox /**watching the little prince**: '그 여우 /**어린왕자를 바라보
는**' 능동이(watching)의 O(어린왕자)가 뒤에 있으므로 N(fox)의

---

31   S와 V가 서로 자리를 바꿔 도치되어 있어요. 의문문도 아닌데 말이죠. 이런 형태를 '목적어
(O) 도치'라고 해요. 앞에 있는 "" 따옴표 문장이 바로 'said'의 목적어로 O V S의 형태로 그
순서가 배치되어 있답니다.

뒤로 이동했어요.

• myself /beginning: '나 자신 /**시작하는**'

• The **excited**/ fox: '그 **신난**/ 여우' 수동이(excited) 혼자 앞에서 뒤
에 있는 N(fox)을 꾸미고 있어요. 자기가 하는 이야기에 '신나게
된(excited)' 거니까 수동이. 능동이는 'exciting(신나게 하는)'

5

+를 없애라, 능동이와 수동이 출동!

철수: "내가 춤추면서 노래하는 거 보여줄까?"

영희: "안 볼란다."

철수: "새가~ 날아 드~은~다하~"

영희: "오~ MZ감성."

나는 춤춘다 and 나는 노래한다
+

물론 이렇게 연결할 수도 있겠지만 좀 baby talk[32]같죠? 좀 더 폼

나게 'while(-하면서)'이라는 +를 사용해 봅시다.　　32　아기 말, 유아어

While I dance, I sing. 내가 춤추면서, 나는 노래한다
+ s   v   s v

이왕 춤추는 거 무대도 만들어 줘 볼까요?

While I dance (on the stage), I sing. 내가 춤추면서 (그 무대 위에서), 나는 노래한다
 + s   v   s v

확실히 더 폼 나죠? 그런데 작은 의문이 하나 생깁니다. 과연 '내가'와 '나는'처럼 두 번이나 S를 쓸 필요가 있을까요? 우리말로도 어색하고 중복의 느낌이 드네요.

내가 춤추면서 (그 무대 위에서), 나는 노래한다

앞에 있는 하나의 S(내가)를 생략해도, 아니 생략하니까 좀 더 자연스러운 문장이 되었어요.

+와 S V를 생략하는 분사구문

While I dance (on the stage), I sing.
 + S_1 V_1 S_2 V_2

능동이와 수동이를 활용해 지금부터 + S_1 V_1을 사라지게 하는 마법(=분사구문)을 부려 봅시다. 이 마법을 위해선 3단계 과정이 필요해요.

STEP 1. +의 생략

While I dance (on the stage), I sing.
+ S₁ V₁   S₂ V₂

STEP 2. S₁과 S₂가 같을 때 S₁ 생략

While I dance (on the stage), I sing.
+ S₁ V₁   S₂ V₂

STEP 3. V₁이 능동태면 능동이(-ing)로, 수동태면 수동이(p.p)로

V₁ 'dance'는 능동태니까 능동이(-ing)로 바꾸고 기호를 그려주면, 분사구문이 완성됩니다.

/Dancing (on the stage), I sing. /춤추면서 (그 무대 위에서), 나는 노래한다
                         S₂ V₂

드디어 원하는 문장을 만들어냈네요. 그런데 분사의 화살표가 가리키는 곳에 N이 없어서 이상하죠? 괜찮아요. '앞뒤의 N을 꾸미는' 분사와 '문장의 절(S V)을 꾸미는' 분사구문은 달라요. 그저 해석만 '-하면서[33]'로 해주면 돼요. 앞뒤를 바꿔볼까요?

33 분사구문의 해석은 일단 '-하면서'로 먼저 해석해보고 어색할 경우 while 의 다른 뜻인 '-하는 동안'이나 '-하는 반면에'로 바꿔보세요. 그래도 어색할 땐 'because'나 'when'과 같은 다른 +를 적용하고요.

I sing, /dancing (on the stage). 나는 노래한다, /춤추면서 (그 무대 위에서)
          S₂ V₂

순서만 서로 바뀐 완전 똑같은 문장이지요? 저는 이렇게 생긴 분사구문을 ', -ing(컴마 아이앤쥐)'라고 불러요. 해석은 똑같이 '-하면서'이겠죠.

만약 STEP 2에 문제가 생기면 어떡할까요? S_1과 S_2가 다른 상황이 생기면요.

영희: "나는 떡을 썰 테니 너는 글을 쓰거라."
철수: "좋다."

While **나**는 썬다 떡을, **너**는 쓴다 글을
+ S_1 V_1 S_2 V_2

구조가 만들어 졌으니 문장을 만들어 볼까요?

While **I** slice rice cake, **you** write letters. 내가 써는 동안 떡을, 너는 쓴다 글들을
+ S_1 V_1 S_2 V_2

STEP 1. +의 생략

+ while 생략

STEP 2. S_1과 S_2가 같을 때 S_1 생략

S_1과 S_2가 다르면? S_1을 그냥 둔다.

STEP 3. V_1이 능동태면 능동이(-ing)로, 수동태면 수동이(p.p)로

V_1 'slice'는 능동태니까 능동이(-ing)로 변신

I /slicing rice cake, **you write** letters.[34]
S_1 $\qquad\qquad\qquad\qquad$ S_2 V_2

34 문제없지만 문장의 모양이 이상하죠? 현실에선 이런 구조의 문장을 거의 안 써요. 다만 학교 시험에선 얼마든 출제될 수 있으니 기억해 두세요.

자, 능동이를 활용한 분사구문은 충분히 살펴봤으니 수동이의 경우도 한 번 살펴봅시다.

영희: "아직 멀었구나. 네 다시 집을 떠나 더욱 열심히 정진하거라."
철수: "흑흑, 알겠다."

While 그는 요구 받는다 집을 떠나기를, 그는 운다
+ $\quad$ S_1 $\qquad$ V_1 $\qquad\qquad$ S_2 V_2

우리말에 맞춰 영작한 후 다시 한 번 + S_1 V_1을 사라지게 만들어 볼까요?

While he is asked /to leave home, he cries.
+ $\quad$ S_1 V_1 $\qquad\qquad\qquad$ S_2 $\quad$ V_2
그가 요구 받는 동안 집을 떠나라고, 그는 운다.

STEP 1. +의 생략

> While he is asked /to leave home, he cries.
> +   S₁ V₁   S₂ V₂

STEP 2. S₁과 S₂가 같을 때 S₁ 생략

> While he is asked /to leave home, he cries.
> +   S₁ V₁   S₂ V₂

STEP 3. V₁이 능동태면 능동이(-ing)로, 수동태면 수동이(p.p)로

V₁ 'is asked'는 수동태니까 수동이(p.p)로 변신

> /Asked /to leave home, he cries. /요구 받는 동안 /집을 떠나라고, 그는 운다.
>   S₂ V₂

SCENE 28 ————————————————————

The fox felt sad, /saying **his secret** (to the little prince). /Told
      S   V
the fox's story, the little prince felt strange.
                              S   V
"Essential things are invisible (to the eye)," said the fox.
      S   V   V   S
"Essential things are invisible (to the eye)," the little prince
      S   V   S

repeated, /thinking **his rose.**
V

- S V, /saying **his secret**: '/**말하면서 그의 비밀을**' 문장의 앞에
  S V가 있고 뒤에 ', -ing' 능동이가 등장하죠? 그럼 '-하면서'.
- /Told **the fox's story, S V**: '/**들으면서 그 여우의 이야기를**' 문장이
  수동이(p.p)로 시작하고 뒤이어 S V가 등장합니다. 그럼 '-되면서'.
- S V, /thinking **his rose**: '/**생각하면서 그의 장미를**' S V 다음
  ', -ing'는 '-하면서'.

위 설명들을 보면 분사구문도 중요하지만, 주변의 S V를 먼저 파
악하죠? 이처럼 분사구문은 문장 전체의 흐름을 파악하는 게 중요해
요. 이번엔 단서들을 통해 직접 능동이와 수동이를 활용한 분사구문
을 그려볼까요?

SCENE 29

It was now the eighth day since I had had my accident in
the desert.
I was listening to the little prince's story, **feeling thirsty.**
"I am dying of thirst."
"I am thirsty, too," **talking to me, he smiled.**
Followed by me, the little prince felt dizzy.

SCENE 29의 분사구문

It was now the eighth day since I had had my accident (in
S V   +   S V
the desert).

I was listening (to the little prince's story), /feeling **thirsty.**
S V
"I am dying (of thirst)."
 S V
"I am thirsty, too," /talking (to me), **he smiled.**
 S V   S   V
/Followed (by me), **the little prince felt** dizzy.
                              S   V

- S V, /feeling thirsty: '/**느끼면서 갈증을**' 멀리 앞에 있는 S V가 단

  서인 거 기억하세요.

- /talking (to me), S V: '/**말하면서 (나에게)**' 이번엔 뒤에 있는 S V

  가 단서입니다. S V가 앞에 있어도, 뒤에 있어도 분사구문의 해석

  은 같아요.

- /Followed (by me), S V: '/**이끌리면서 (나에 의해)**' V '따라가다

  (follow)'의 능동이는 'following(따라가면서)', 수동이는 'followed(따

  라지면서)'. 하지만 '따라지면서'라는 표현은 아무래도 많이 어색하

  죠? 이럴 땐 자연스러운 우리말 표현으로 살짝 바꿔주세요.

반복해서 보다 보니 능동이와 수동이로 만들어내는 분사구문도

그리 어렵지 않죠? 익숙해지는 게 무엇보다 중요해요. 절대 무턱대고 외우고 암기하려 하지 마세요. 공부를 가장 재미없게 하는 지름길이랍니다. 느려도 좋으니 반복해 읽고 생각하고 이해하고. 알겠죠? 마지막 분사구문 /와 ⌒ 그리기 연습입니다.

SCENE 30

Finally, we found a well, walking in the Sahara at daybreak. Surprised at the condition of the well, I said to the little prince. "Everything is ready for use: the pulley, the bucket, the rope⋯"

He laughed, touching the rope and setting the pulley to working.

① walking

② Surprised

③ setting

SCENE 30의 분사구문

Finally, we found a well, /walking (**in the Sahara**) (at daybreak).
          S   V

/Surprised (**at the condition**) (of the well), I said (to the little
                                          S V

prince). "Everything is ready (for use): the pulley, the bucket,
                S   V

the rope…"

He laughed, /touching **the rope** and /setting **the pulley** (to
 S   V   +

working).

- S V, /walking (**in the Sahara**): '/**걸으면서 (그 사하라에서)**' ',
  -ing'는 '-하면서'

- /Surprised (**at the condition**), S V: '/**놀라면서 (그 상태에)**'
  '/surpring'은 '놀라게 하면서'

- S V, /touching **the rope**: '/**만지면서 그 밧줄을**'

- S V, /setting **the pulley**: '/**조정하면서 그 도르래를**'

    동태 두 마리(Chapter 5의 3)에서 시작한 능동태와 수동태, 거기에서 태어난 능동이(-ing)와 수동이(p.p), 그걸 활용해 +를 사라지게 만드는 분사구문까지 포기하지 않고 숨 가쁘게 달려온 여러분을 칭찬합니다. 여러분은 가장 높은 산을 방금 넘었어요. 다음으로 등장하는 기호들은 제법 쉬울 거예요. 약속~

6

시키기만 하는 V & 얼굴에 있는 V (V OR)

철수: "충성!"

영희: "오늘의 사역을 발표하겠다. 철수 위치로."

철수: "위치로!"

영희: "자네는 오늘 운동장의 눈을 쓸도록."

철수: "여기 알래스카인데요?"

영희: "응??"

시키는 사역동사

영희는 군대를 다녀온 게 틀림없어요. 그렇지 않고서야 '사역'이란 단어를 알 리가 없거든요. 저는 살면서 '사역'이란 단어를 단 두 곳에서만 들어봤는데요, 군대에서 그날 해야 하는 일을 나누고 각자에게 시키는데 이때 사역이라는 단어를 사용하더라고요. 일상생활에선 거의 쓰지 않는데 말이죠.

또 다른 한 곳은 놀랍게도 문법책이랍니다. 물론 뜻은 비슷하게 써요.

사역 = '시키다'

사역V = 시키는 V

영어엔 5개의 사역V(let, make, have, help & get)가 있답니다. 평소엔 각각의 뜻이 모두 다르지만, 이 친구들이 사역V로 쓰이면 전부 '시키다[35]'의 의미로 해석돼요. 특이한 건 사역V들이 뒤에 V처럼 생긴 걸 끌고 다닌다는 거예요.

35 익숙해지면 각각의 뜻에 따라 해석해도 좋지만 사역V에 완전히 친해지기 전까진 그냥 '시키다'로 해석하세요. 그래야 기억하기 좋아요.

영희 has 철수 work. 영희는 가진다 철수는 일한다
  S V   S   V

엄청 이상하죠? 뭐가 문제인지 자세히 살펴봅시다.

문제점 ①. 'Has(가지다)'의 O(목적어)가 없다. 뭘 가지고 있는지.

문제점 ②. S(철수)가 3인칭 단수인데 V(work)에 '-s'가 안 붙어있다.

문제점 ③. S V와 S V 사이에 +가 없다.

오답인 이유도 참 많죠? 그렇다면 'has'를 사역V로 해석해보면 어떻게 될까요?

영희 has 철수 work. 영희는 시킨다 철수가 일하도록
  S V   O   R

와우~ 같은 문장의 해석이 이렇게나 달라지나요?

S	사역V	O	R
S는	시킨다	O가	R하도록

사역V는 뒤에 O R을 끌고 다닌답니다. 참 특이한 동사지요? 위에서 소개한 5개의 사역V(let, make, have, help & get)를 정리해 봅시다.

let		
make	O	R
have		
help	O	(to) R
get	O	to R

사역V 뒤에는 O R이 오는군요. 'Help' 뒤에 있는 (to) R은 뭘까요? 'help'는 뒤에 O R 혹은 O to R 두 가지 형태가 모두 가능하다는 뜻이랍니다. 그런데 맨 아래 있는 'get'은 R은 안되고 to R만 되지요? 그래서 저는 'get'을 가짜 사역V라 불러요. 다만 'get' 역시 그 뜻이 같으므로 반드시 함께 기억해 둬야 해요.

얼굴에 있는 얼굴동사

눈으로 보고(see)

코로 냄새 맡고(smell)

입으로 맛보고(taste)

귀로 듣고(hear)

피부로 느끼고(feel)

모두 얼굴에 있는 V들입니다. 그래서 얼굴V[36]라 불러요. 이 친구들 또한 사역V처럼 뒤에 O R이 온답니다.

> 영희 sees 철수 work. 영희는 본다 철수가 일하는 것을
> S　V　O　R

사역V를 보고 나니 얼굴V는 왠지 벌써 익숙한 느낌이죠?

> S　얼굴V　O　R(-ing)
> S는　V한다　O가　R하는 것을

사역V와는 달리 얼굴V에는 R(-ing)이 보이죠? 얼굴V 뒤에는 O R 또는 O -ing[37] 두 형태가 모두 가능하답니다.

시키는 사역V와 얼굴에 있는 얼굴V[38], 이제 어린왕자 이야기 속에서 그 모습들을 함께 찾아봐요.

"I am thirsty (for this water)," said the little prince. "Give me
 S V   V   S   V
some (of it)/to drink…"

I helped the little prince drink the water. I saw his face shine,
S   V   O   R   S V   O   R
again. I drunk the water, too. It was (as) sweet (as^{39} some
          S   V   S   V
special festival treat).

- I helped the little prince drink: '나는 **시켰다** 어린왕자가 **마시도**
  록' 사역V(helped) 뒤에는 O R. 'drink'를 V로 그리지 않도록 주의
  하세요.
- I saw his face shine: '나는 **보았다** 그의 얼굴이 **빛나는 것을**' 얼굴
  V(saw) 뒤 역시 O R. 마찬가지로 'shine'은 V가 아닌 R.

　　다음 장면엔 두 개의 얼굴V와 한 개의 사역V가 있어요. 힌트를 보
고 O R을 잘 그려보세요.

When I came back from my work, the next evening, I **saw**
from some distance away my little prince sit on top of
a wall, with his feet dangling. And I **heard** him say: "Then

---

39　(as) A/Ad (as ~) 이렇게 두 개의 as가 나란히 등장하는 걸 원급비교 혹은 동등비교라고 해
　　요. 이때 기호처리는 보이는 것처럼 해주면 된답니다. as와 as 사이엔 보통 형/부가 와요.
　　(as) A (as B): 'B만큼 A한'

You don't remember. **Let** me explain the exact spot."

V O R

SCENE 32의 얼굴V와 사역V

When I came back (from my work), the next evening, I **saw**
  + S   V   S V
(from some distance) away my little prince **sit** (on top) (of
                                      O   R
a wall), (with his feet) /dangling. And I **heard** him **say**: "Then
                                    + S V   O   R
You don't remember. **Let** me **explain** the exact spot."
S   V   V   O
                                                      R

- I saw ~~(from some distance)~~ away my little prince sit: '나는 **보
았다** 나의 어린왕자가 **앉아 있는 것을**' 눈으로 보는 **얼굴V** 뒤에 O
와 **R(sit)**이 있어요. ( )와 Ad인 취소선 부분을 제외하면 얼굴V O
R이 좀 더 잘 보여요.

- I heard him say: '나는 **들었다** 그가 **말하는 것을**' 귀로 듣는 **얼굴V**.
이번에도 뒤에 O와 **R(say)**이 자리하고 있네요.

- Let me explain: '**시켜라** 내가 **설명하도록**' 사역V(let) 뒤에 O와
R(explain)이 나왔어요. 그런데 직독직해한 해석이 많이 이상하죠?
'Let me R[40]'은 '내가 R 할게'
와 같이 해석해주면 자연스
러워진답니다. 그러니까 여

40 영화에서 이 표현이 자주 등장하는데요, 악당
이 주인공 손목을 잡은 거죠. 그때 주인공이 악
당이 아닌 다른 쪽을 보며 이렇게 읊조립니다.
'Let me go.' '내가 갈게?' 뭔가 너무 순박하죠?
이때는 '나를 보내라. 그렇지 않으면 너 죽…' 이
런 뉘앙스로 이해하면 돼요.

기선 '내가 설명할게' 정도가 되겠죠?

모두 잘하고 있어요. 마지막 연습으로 각각 하나씩 숨어 있는 사역V와 얼굴V를 찾아 그려봅시다.

────────────────────────

I was only twenty meters from the wall, and I still saw nothing.
After a silence the little prince spoke again:
"You have good poison? Then it will not make me suffer too long."
I stopped in my tracks, my heart torn asunder; but still I did not understand. At the very moment, I saw a yellow snake face the little prince at the bottom of the wall.

① make

② saw

SCENE 33의 얼굴V와 사역V

I was only twenty meters (from the wall), and I still saw nothing.
S V   + S V

(After a silence) the little prince spoke again:
         S   V

"You have good poison? Then it will not make me suffer too
S V   S   V   O   R

long."

I stopped (in my tracks), my heart /torn asunder; but still I did
S V   +   S

not understand. (At the very moment), I saw a yellow snake
V   S V   O

face the little prince (at the bottom) (of the wall).
R

- make me suffer: '만든다 내가 고통 받도록' 사역V(make) 뒤에 O 와 R이 왔어요. R자리에 V를 그리지 않도록 조심하세요.

- I saw a yellow snake face: '나는 보았다 한 노란 뱀이 향하는 것을' O R에 S V라고 그리는 실수를 가끔 보는데 그게 맞다면 S(a yellow snake)가 3인칭 단수니까 V는 'faces'가 맞겠죠? 혹은 앞의 V(saw)가 과거니까 'faced'이던가요. 따라서 여기의 'face'는 R이 될 운명이랍니다.

지금까지 여러 품사 중 단연코 가장 중요한 품사인 V와 V의 사촌들을 살펴봤어요. 하나의 장을 따로 구성해 설명할 정도로 V의 변신은 중요하답니다. 이웃사촌이라는 말도 있잖아요. 자주 펼쳐 보고 그려보며 V의 사촌들과 친해지세요.

이제 문법 왕이 될 마지막 단 하나의 관문만이 남아 있습니다. 잠시 쉬고 또 힘내보아요. GO! GO!

문법 왕이 되자: △, /, =

냉장고를 통해서 보았던 친근한 기호들이 모두 등장하는 마지막 챕터 6에 오신 여러분을 환영합니다. 모든 기호가 중요하지만, 특히 이번 챕터에 등장하는 △, /, = 이 세 가지 기호는 정말 중요해요. 3개 모두 'that'이라는 같은 단어에 그릴 수 있거든요. 그만큼 헷갈릴 수 있으니 잘 구분해 봅시다.

1

△, ( ), 그리고 ⌒의 블루스

철수: "Shall we dance? 사모님~ 한 곡 추실까요?"
영희: "너 거기서 혼자 뭐하니?"

세상엔 혼자서는 할 수 없는 게 많지요. 함께하면 훨씬 쉽고 의미도 커지거든요. 냉장고(Chapter 3의 1) 속 △(Chapter 3의 2)도 그렇답니다.

$$\overset{\frown}{N}(\triangle \ X)$$
$$N \ / \ O$$
$$N = O$$

기억나시죠? 앞에 N(명사)가 오고 뒤에는 불완전한 절(X)이 오는 △. 어느덧 이야기 막바지에 다다른 어린왕자의 장면 속에서 살펴볼까요? 여러 기호가 동시에 나타나고 있어 일부러 장면의 길이를 짧게 조절했으니 기호들이 익숙해질 때까지 몇 번이고 반복해 보세요.

SCENE 34 ————————————

The snake (which was facing the little prince) disappeared
S_1　　　　V_2　　　　　　　　　　V_1
(among the stones). I reached the wall /to catch my little
　　　　　　　　　　S_3　V_3
man (who was sitting) (on the wall).
　　V_4

- **The snake (which was facing the little prince): '그 뱀 (△ 어린왕자를 향하던)'**

① S_1과 V_1 사이에 삼각형이 왔어요.

② 'snake'는 사람이 아니니까 뒤에 △ which가 왔어요.

③ △ 뒤에 S_2가 보이지 않죠? 이런 식으로 불완전한 절이 온답니다. 이때는 △이 S_2의 역할을 한다 생각하면 돼요.

④ △의 해석은 A(형용사)처럼 '-ㄴ/ㄹ'이죠. 그래서 '향하는 중 이었다'가 아니라 '향하(는 중이)던'이 되었어요.

- **my little man (who was sitting): '나의 작은 남자 (△ 앉아있던)'**

① 이번엔 앞에 사람이 오니까 △ who, which, that 중 who가 왔어요.

② 여기 △은 S_4의 역할

③ (△) 안의 V(was)는 절대로 '-다(이었다)'로 해석하면 안 돼요.

이전까지의 설명과는 달리 한 구문에 설명이 좀 많죠? 갑자기 수다쟁이가 된 게 아니라 그만큼 중요하다고 생각해 주세요. 다음 장면엔 2개의 △이 있네요. ( )와 ⌒도 함께 그려주세요.

I loosened the golden muffler **that** he always wore. The little prince **who** looked at me very gravely put his arms around my neck. I felt his heart beat like the heart of a dying bird.

SCENE 35의 △

I loosened **the golden muffler** (t⌒at he always wore). **The**
<small>S₁   V₁</small> <small>S₂   V₂</small>
little prince (w⌒o looked (at me) very gravely) put his arms
<small>S₃   V₄</small> <small>V₃</small>
(around my neck). I felt his heart beat (like the heart) (of a
<small>S   V   O   R</small>
dying bird).

• **the golden muffler** (t⌒at he always wore): '**그 황금색 머플러**
(⌒△그가 항상 두르고 있던)'

① 앞에 사람이 아닌 사물이 있으니까 △ that

② △은 V₂(wore)의 O 역할을 하고 있어요. 둘렀다. 뭐를? 머플러
를(O).

③ O 역할 하는 △은 뭐할 수 있다? 생략할 수 있다!

• **The little prince** (w⌒o looked (at me) very gravely): '**어린왕**

자 $\overset{\frown}{(\triangle\ \textbf{매우 진지하게 나를 바라보던})}$' 사람 다음이라 $\triangle$ who가

왔고 V_4(looked)의 S_4 역할을 하고 있어요.

뒤로 갈수록 점점 짧아지는 해석이 마음에 드네요. 그럼 마지막

연습을 해볼까요?

SCENE 36

"I am glad that you solved the problem which your engine had,"

he continued. "Today, I am going back to my place that is very

far away."

① which

② that

SCENE 36의 △

"I am glad th$\overset{/}{a}$t[41] you solved **the problem** $\overset{\frown}{(\text{w}\overset{/}{h}\text{ich your engine had})}$,"
S V   S₁   V₁   S₂   V₂

he continued. "Today, I am going back (to **my place**) $\overset{\frown}{(\text{t}\overset{/}{h}\text{at is very}}$
S   V   S₃ V₃   V₄

far away)."

---

41 여기 있는 that은 앞에 N이 없죠? △을 그리면 안돼요.

- the problem (which your engine had): '그 문제 (△ 당신의 엔진이 가지고 있던)' 앞에 있는 N(the problem)이 사람이 아니니까 △ which, 동시에 V$_2$(had)의 O 역할(△ 생략 가능).

- my place (that is very far away): '나의 집 (△ 아주 멀리 있는)' 앞에 사람이 아니니까 △ that, 동시에 V$_4$(is)의 S$_4$ 역할

2

△을 생략했더니 다시 능동이, 수동이가 됐네?

철수: "다시~ 돌고~ 돌고~ 돌고~ 돌고~"

영희: "무슨 노래야?"

철수: "노래라니? △과 능동이, 수동이 얘기하는 건데!"

영희: "??"

철수가 하는 아리송한 이야기를 한 번 풀어 볼까요? 우선 △
(Chapter 6의 1)과 능동이(-ing), 수동이(p.p)(Chapter 5의 4) 모두
한 자리에 소환해 봅니다.

$$N \overset{\frown}{(\triangle X)} \text{'-ㄴ/ㄹ'} \quad vs. \quad \overset{\text{-ing}}{} N \overset{\frown}{/\text{-ing}} O \quad \text{능동이 '-하는'}$$
$$p.p / N / p.p ( ) \quad \text{수동이 '-되는'}$$

일단 모양이나 해석이 서로 닮은 것 같기는 한데… 좀 더 비슷한
형태로 만들어 볼게요.

$$N \overset{\frown}{(\triangle X)} \text{'-ㄴ/ㄹ'} \quad = \quad N \overset{\frown}{/\text{-ing}} O \quad \text{능동이 '-하는'}$$
$$N / p.p ( ) \quad \text{수동이 '-되는'}$$

아하! 이렇게 양쪽 모두 N을 나란히 앞에 두고 보니 뭔가 느낌이 오는군요. 왼쪽의 △과 X(불완전한 절[42])를 오른쪽의 -ing O 또는 p.p ( )로 바꾸는 게 가능할 것 같아요. 물론 반대의 경우도 마찬가지겠죠?

앞서 SCENE 34(Chapter 6의 1)에 등장했던 문장을 가져와 볼게요.

The snake (which was facing the little prince) 그 뱀 (△ 어린왕자를 향하던)

이 문장에서 △ which를 생략하고 V(**was facing**)를 능동이(-ing)로 바꾸면 어떻게 될까요?

The snake /facing[43] the little prince 그 뱀 /어린왕자를 향하던

어때요? 기호는 △에서 /로 달라졌는데 놀랍게도 해석은 똑같죠? 더군다나 △을 P(분사)로 바꾸니 문장이 더 간결해진 느낌도 들고요. 이렇게 겉모습은 서로 다른 △과 P(능동이, 수동이)가 한편으론 비슷하다는 걸 깨닫습니다.

SCENE 34 (Chapter 6의 1)

The snake (which was facing the little prince) disappeared
S₁ ~~V₂~~ V₁
(among the stones). I reached the wall /to catch **my little**
S₃ V₃

man (who was sitting) (on the wall).

△과 be V(SCENE 34)를 동시에 생략하고 그 자리에 /와 ⌐를 그려주니(SCENE 37) 바로 P(능동이)로 변신하는 걸 확인할 수 있죠?

SCENE 37

The snake /facing **the little prince** disappeared (among the stones). I reached the wall /to catch **my little man** /sitting (on the wall).

• **my little man** /sitting: '**나의 작은 남자** /앉아있던'

다음 SCENE 38에선 SCENE 35(Chapter 6의 1)의 △이 /로 변해 있어요. 한 번 직접 그려보세요.

SCENE 38

I loosened the golden muffler that he always wore. The little prince **looking** at me very gravely put his arms around my neck. I felt his heart beat like the heart of a dying bird.

I loosened the golden muffler (that⁴⁴ he always wore). **The little**
S₁   V₁   S₂   V₂

prince /looking (**at me**) **very gravely** put his arms (around my
    S   V

neck). I felt his heart beat (like the heart) (of a dying bird).
     S V   O   R

• **The little prince** /looking (**at me**) **very gravely**: '어린왕자 /매우

진지하게 나를 바라보던)'

SCENE 36의 △을 /로 바꿔 마지막으로 한 번만 더 연습해볼까요?

SCENE 39 ————————————————————

"I am glad that you solved the problem which your engine had,"

he continued. "Today, I am going back to my place being very

far away."

① being

---

44 이 △은 /로 바뀌지 않았죠? △ 뒤에 S가 있기 때문이랍니다.

I am glad that you solved the problem (which your engine had),"
S V S₁ V₁ S₂ V₂
he continued. "Today, I am going back (to **my place**) /being very
S V S V
far away."

- **my place** /being **very far away**: '**나의 집** /**아주 멀리 있는**' being의

  해석을 제법 어려워들 하는데요, be V '이다, 있다, 되다'와 P(분사)

  '-ㄴ/ㄹ'을 합쳐 보면 돼요. '인, 있는, 되는' 이렇게 말이죠.

that은 2개, what은 3개?

△ who, which, that은 +와 N, 두 개의 역할(Chapter 3의 2)을 하지요. SCENE 34(Chapter 6의 1)의 문장을 다시 가져와 볼게요.

The **snake** (which was facing the little prince) disappeared.
S_1　　　　V_2　　　　　　　　　　　V_1
그 뱀은 (△ 어린왕자를 향하던) 사라졌다

이 문장에 있는 △ which는 몇 개의 역할을 하고 있을까요? 우선 보이지 않는 S_2(N)의 역할을 하고 있네요. 그리고 절(S_1 V_1)과 절(V_2)을 연결하는 + 역할도 하고 있죠? 이렇듯 지금까지 우리가 만나본 △은 2개의 역할을 한답니다.

저 문장 중 '뱀(snake)'이란 단어만 모르는 외계인이 있다고 상상을 해봅시다. 그 친구는 뱀이란 단어만 아예 모르니 애초에 뱀을 표현할 수 없겠죠? 자연스레 뱀을 가리켜 '이것', '저것', '그것'으로 표현을 하지 않을까요?

그 것은 (△ 어린왕자를 향하던) 사라졌다.

아마도 이 정도가 최선일 것 같군요. 영어에도 이런 기능을 하는 단어가 있을까요? 네, 놀랍게도 있을 뿐만 아니라 오히려 더 많은 역할과 기능을 하는 단어가 있답니다.

$$N \text{ (what X)}$$

잠시 기호를 살펴봅시다. 지금까지 우리가 알던 who, which, that이 아닌 △ what이 보입니다. 앞에 N이 없고, 화살표가 꾸미는 방향도 앞쪽이 아닌 △ what 자기 자신이죠? 여러모로 특이하네요. 문장에 넣어 볼까요?

(What was facing the little prince) disappeared.
V₁ V₂

> (What was facing the little prince) disappeared.
> V_1 V_2

V는 2개(V_1, V_2)가 보이는데 뭔가 허전하죠? 일단 S_1과 S_2가 보이지 않고 또 절(V_1)과 절(V_2)을 연결하는 +도 없네요. 다들 어디로 간 걸까요? 사라진 친구들을 모두 불러볼게요.

> (What was facing the little prince) disappeared.
> $S_1 + S_2$ V_1 V_2
> 어린왕자를 향하던 것은 사라졌다.

와우~ 놀랍게도 △ what이 보이지 않던 3개의 역할(S_1과 S_2, +)을 전부 하고 있었군요! 결국 이렇게 정리할 수 있겠습니다.

$$N \overset{\frown}{(\text{that } X)} = N \overset{\frown}{(\text{what } X)}$$
$$\quad\text{+n}\qquad\quad\text{n+n}$$

계속해서 Chapter 6의 1에서 등장했던 SCENE들을 활용해 N+N 3개의 역할을 하는 △ what을 그려봅시다.

SCENE 40 ────────────────────

(What was facing the little prince) **disappeared** (among the
S₁+S₂ V₁   V₂
stones). I reached the wall /to catch (what was sitting) (on
            S₃   V₃   ad   O+S₄   V₄
the wall).

• **to catch** (what was sitting): '**잡기 위해** (앉아 있**던 것을**)' △ what

은 다음 세 가지 역할을 한답니다.

　① 앞에 있는 to R(catch)의 O(N)

　② 뒤에 있는 V₄(was)의 S₄(N)

　③ 절(S₃ V₃)과 절(V₄)을 연결하는 +

이번엔 SCENE 35 중 'the golden muffler that'과 'The little
prince who'를 △ what으로 바꿔볼게요. 단서들을 보고 직접 기호
를 그려보세요.

I loosened **what** he always **wore. What looked** at me very gravely **put** his arms around my neck. I felt his heart beat like the heart of a dying bird.

SCENE 41의 △ what

I **loosened** (w**h**at he always **wore**). (W**h**at **looked** (at me) very
S₁ V₁   O₁+O₂ S₂   V₂   S₃+S₄   V₃
gravely) **put** his arms (around my neck). I felt his heart beat (like
              V₄   S V
the heart) (of a dying bird).

- I **loosened** (w**h**at he always **wore**): '나는 **느슨하게 했다** (그가 항상 **두르고 있던 것을**)' △ what은 다음 3개의 역할을 해요.

  ① V₁(loosened)의 O₁(N)

  ② V₂(wore)의 O₂(N)

  ③ 절(S₁ V₁)과 절(S₂ V₂)을 연결하는 +

- (W**h**at **looked** (at me) very gravely) **put** his arms: '매우 진지하게 나를 **바라보던 것은 두었다** 그의 팔들을' △ what은

  ① V₃(looked)의 S₃(N)

② V₄(put)의 S₄(N)

③ 절(V₃)과 절(V₄)을 연결하는 +

다소 복잡해 보이는, 3개의 역할을 하는 △ what도 기호를 그리며
설명을 읽다보니 갈수록 적응되어가지요? 다음 장면은 SCENE 36의
the problem which와 my place that를 각각 △ what으로 바꿔 준비
했어요. 기호 그리기 시~작!

SCENE 42 ──────────────────────────────

"I am glad that you solved what your engine had," he continued.
"Today, I am going back to what is very far away."

(△)

① solved & had

② to & is

SCENE 42의 △ what

"I am glad that you **solved** (what your engine **had**)," he continued.
S V   S₁   V₁   O₁+O₂   S₂ V₂   S   V
"Today, I am going back (**to** (what) is very far away)."
          S₃ V₃   O+S₄ V₄

- you **solved** (wh**at** your engine **had**): '너는 **해결했다** (너의 엔진

  이 **가졌던 것을**)' △ what의 역할은 다음과 같아요.

  ① V_1(solved)의 O_1(N)

  ② V_2(had)의 O_2(N)

  ③ 절(S_1 V_1)과 절(S_2 V_2)을 연결하는 +

- I am going back (**to**[45] (wh**at**) **is** very far away): '나는 되돌아갈 것

  이다 (아주 멀리 **있는 것**(=곳)**으로**)' [45] 전명구 ( ) 안에는 Prep(전치사)

  △ what은 N + N   와 N이 있지요. 이때의 N은 전치

  ① 전치사(prep) to의 O(N)   사의 O라고 불러요.

  ② V_4(is)의 S_4(N)

  ③ 절(S_3 V_3)과 절(V_4)을 연결하는 +

    지금까지 N + N, 3개의 역할을 동시에 수행하며 해석은 '–것'으

로 하는 △ what을 살펴보았어요. 2개의 역할을 하는 △ who, which,

that과 닮은 듯 다른 △ what, 반복해 보고 얼른 친해집시다.

4

△ 뒤에 '완전'이 올 수도 있다고?

+와 N, 2개의 역할을 하는 that, N + N 3개의 역할을 하는 what의 뒤에는 공통적으로 무엇이 올까요? 바로 X, 불완전한 절[46]이 오지요. 그런데 같은 △이면서 뒤에 완전한 절이 오는 △[47]도 있다는 걸 알고 있나요?

이제까지 만나본 △ who, which, that, what은 그 이름이 관계대명사[48]랍니다. 즉, 스스로가 N이다 보니 문장 속에서 S나 O 자리에서 역할을 대신하는 거죠. 그러려면 뒤에 반드시 불완전한 절(X)이 와야 하고요. 그래서 다음과 같이 기호를 그렸죠.

46 3형식(S V O)의 경우 S V 혹은 V O

47 관계/부사 – 절과 절의 관계를 보여주는 부사

48 관계/대/명사 – 명사를 대신해 관계를 보여주는 품사

$$N \overset{\frown}{(\triangle\ X)} \quad or \quad N \overset{\frown}{(\triangle\ X)}$$

단 한 명도 빠짐없이 모두 나를 따르라. △ where, when, why, how

하지만 △ 앞에 사람이나 사물이 아닌 장소, 방법, 시간, 이유 등의 단어들이 오는 경우가 있어요. 지금부터 관계부사 이야기를 해볼게요.

△ where '그런데 거기에서' or '-ㄴ'

영희: (어? 벌써 1시네? 철수랑 점심 먹어야지.) (뗄렐레~뗄렐레~)

"어디야?"

철수: "응, 도서관~"

영희: "우와? 공부해?"

철수: "아니, 자는데…"

철수는 갔다 도서관에. 그는 잤다 도서관에서.

두 개의 문장이 만들어졌어요. 하나로 합쳐 볼까요?

철수는 갔다 (**도서관에**) 그런데(그리고) 그는 잤다 도서관에서.
　　S　V　　　　　　　　　　　＋　　　　S　V

두 개의 절을 가지고 있는 하나의 문장이 되었네요. 이번엔 영어로 바꿔볼까요?

철수 went (to **the library**) and he slept (in **the library**).
　　S　V　　　　　　　　　　＋　S　V

다 좋은데 'the library'라는 단어를 두 번 반복한 게 마음에 들지 않네요. △ where가 등장하는 순간입니다.

철수 went (to the library), where he slept.
  S   V   S   1V
철수는 갔다 (도서관에), 그런데 거기에서 **그는 잤다**

놀랍게도 △ where[49]가 +(and)와 장소 전명구(in the library) 2개의 역할을 동시에 해내고 있군요. 뒤에는 완벽한 1형식 S V(그는 잤다) 절이 보이고요. 다음 문장의 해석을 볼까요?

철수 went (to the library) (where he slept).
  S   V   S   1V
철수는 갔다 (도서관에) (△ **그가 잤던**)

응? 똑같은 문장의 해석이 이렇게나 달라지면 어떡하란 말인가요? 그렇죠. 그건 아주 큰 문제가 맞죠. 그런데 정말 위에 있는 두 개의 문장이 똑같나요? 다시 한 번 차분히 살펴보세요. 짜잔~

시력 테스트 같네요. 맞아요, 첫 문장에는 쉼표가 있고 두 번째 문장에는 가운데 쉼표가 없답니다. 작은 쉼표 하나가 △ where의 해석 방식과 방향을 이렇게나 크게 바꾼 거랍니다. 철수는 '잤던' 도서관에 간 걸까요? 아니면 도서관에 가서 '잔' 걸까요? 이야기의 내용을 보면 후자가 맞겠죠?

다만 모든 문장이 ',' 하나에 의해 의미가 크게 달라지진 않습니다. 같은 경우도 제법 많아요.

△ when '그런데 그때' or '-ㄴ'

I was (in the library) (at 1), when I was sleeping.
S V   S V
나는 있었다 (도서관에) (1시에), 그런데 그때 나는 이었다 자는 중

I was (in the library) (at 1) (when I was sleeping).
S V   S V
나는 있었다 (도서관에) (1시에) (△ 내가 자는 중이었던)

위 두 문장을 보면 화살표 방향(해석 방향)은 서로 반대지만 의미는 별 차이가 없어요. 가운데 ','의 유무가 항상 해석의 큰 차이를 만드는 건 아닌가 봅니다. 평소엔 ','가 있든 없든 앞에서 뒤로 쭉 진행히는 첫 번째 해석 방법을 추천합니다. 우리가 사용하는 직독직해 방식과 잘 맞을뿐더러 해석도 더 빠르거든요. 그러다 어색할 때만 방향을 바꿔 뒤에서 앞으로 해석해보세요.

△ why '-ㄴ'

영희: "너무 열심히 공부했나?"

철수: "아니, 어제 밤새 게임 했거든."

영희: "ㅇㅇㅇ… 진짜 그러기야?!"

철수: "미안. 얼른 가서 세수하고 오겠습니다. 충성!"

영희: "으이그. ^^"

철수는 어쩌다 도서관에서 잠들었을까요?

밤새 게임을 했다 → 도서관에서 쿨쿨 잤다 → 영희는 분노한다
　　원인　　　　　　　　결과1　　　　　　　　결과2

철수 slept (in the library) and the reason makes 영희 angry.
S　V　　　　　　　　　　＋　　　S　　　V

뭔가 두 개의 절을 하나로 합칠 수 있을 것 같은 느낌이 들지 않나요?

The reason (why 철수 slept (in the library)) makes 영희 angry.
S_1　　　　　　S_2　　V_2　　　　　　　　　　V_1
그 이유는 (△ 철수가 도서관에서 잔) 만든다 영희를 화나게

△ how '-ㄴ'

그래도 반성 하나는 잽싸게 하는 철수입니다. 영희도 웃고 마네요.

철수 reflects (on himself) and 영희 smiles. 철수는 반성하고 영희는 웃는다
S　V　　　　　　　＋　S　　　V

마찬가지로 두 개의 절을 하나로 바꿔봅시다.

The way (how 철수 reflects (on himself)) makes 영희 smile.
S₁　　　　 S₂　 V₂　　　　　　 V₁　 O　 R

그 방식은 (△ 철수가 반성하는) 만든다 영희를 웃게

앞선 관계부사들처럼 △ how 역시 순조롭게 여기까지 흘러왔지
만 방금 만들어낸 문장엔 한 가지 큰 문제가 있어요. '장소 △ where',
'시간 △ when', '이유 △ why'⁵⁰와는 달리 　50 앞에 ','가 없는 △ where,
when, why는 모두 생략 가
'방식 △ how'의 경우 'the way'나 'how' 　능해요.
는 동시에 사용하지 않아요. 즉, 둘이 나란히 오지는 못하고 둘 중 하
나만 등장할 수 있는 거지요. 그래서 다음과 같은 표현을 만들어 학
생들이 기억하게 돕고 있답니다.

더~웨이'나~하우

중국어의 성조를 그럴싸하게 붙이면 정말 중국말 같아요. '더~웨
이'나~하우' 물론 이건 중국어가 아니죠.

The way or(또는) how

둘 중 하나만 올 수 있다는 걸 쉽게 기억할 수 있도록 장난스럽게
표현한 거예요.

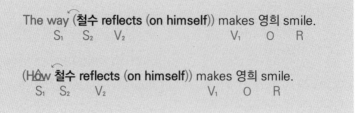

The way (철수 reflects (on himself)) makes 영희 smile.
S₁ S₂ V₂ V₁ O R

(How 철수 reflects (on himself)) makes 영희 smile.
S₁ S₂ V₂ V₁ O R

결국, 같은 의미를 지닌 두 개의 문장이 만들어지는 거지요. 'How' 가 앞에 있을 땐 해석이 어색할 것 같은데 그냥 'the way(그 방식)'이 그 자리에 있는 셈치고 해석해주면 돼요.

지금까지 살펴본 △ 관계부사들이 이야기 속에선 어떻게 나타나는지 함께 찾아봐요.

SCENE 43

"(At night) you will look up and try /to find **the star** (where I live).
　　　　　　　s　　v　+　v　　　　　　　　　　s　v
It is better, (like that). My star will just be one (of the stars), (for
s　v　　　　　　　　　s　　　　　v
you). You will love /to watch all the stars (in the heavens) (due
　　　　s　　　v
to **the reason**) (why you don't know my asteroid)··· they will all
　　　　　　　　　　s　　v　　　　　　　　　　s
be your friends."
v

- **the star** (where I live): '그 별 (△ 내가 사는)' △은 뒤에서 앞으로 넘기는 해석이 자연스럽죠? 이때 'the star'와 '△ where' 둘 중 하나는 어느 쪽이든 생략 가능해요. 만약 'the star'를 생략한다면 **'내가 사는 곳'**으로 해석해 주세요.

• the reason) ⌒(w**h**y you don't know my asteroid): '그 이유 ⌒(△ 당

신이 나의 소행성을 모른다는)' 역시나 △ why 뒤에 완전한 절이 왔

죠? 이렇듯 모든 △ 관계부사 뒤에는 완전한 절이 온답니다.

갑자기 든 생각인데 처음과 비교하면 어느새 기호가 매우 화려해

졌네요. 기호를 직접 그려내는 여러분들의 뿌듯함도 그만큼 커졌으

리라 생각해요. 늘 말하지만 틀리는 건 뭐다? 아무것도 아니다! 그저

꼭 필요한 과정일 뿐, 반복의 힘을 믿으세요!

이번엔 단서를 보고 직접 그려보는 시간을 가져보아요.

SCENE 44 ────────────────────────

He laughed again.

"Ah, little prince, dear little prince! I love to hear that

laughter!" I said.

"**The way** you laugh makes me happy."

"Looking at the sky, you'll laugh, **when** people will think you

are crazy," said the little prince.

SCENE 44의 △ O

He laughed again.
S   V

"Ah, little prince, dear little prince! I love /to hear that
                                        S   V

laughter!" I said.

"The **way** (△ **you laugh**) makes me happy."
     S   V
     S₁   S₂   V₂   S₁

"/Looking (at the sky), **you'll laugh, when people will think** / you
                         S   V   S   V   S

are crazy," said the little prince.
V   V   S

- **The way** (△ **you laugh**): '**그 방식** (△ **네가 웃는**)' 앞에 'the
  way' 뒤에 있는 △ how는 반드시 생략해야 해요.

- **you'll laugh, when people will think**: '**당신은 웃을 것이다**, 그런
  데(그러면) 그때 **사람들은 생각할 것이다**.' 여기엔 확실히 ','를 찍
  어 △의 해석 방향을 표시해 줬네요.

  △ 뒤에 완전한 절이 오는 관계부사 연습도 벌써 마지막이네요.
멋지게 마무리해 봅시다.

SCENE 45 ─────────────────────────────

Then he quickly became serious:

"Tonight--you know… Do not come."

"I shall not leave you," I said.

"I will go back to the place where I lived. You must be

worried about me at the moment when it bites me," he continued. "I shall look a little as if I were dying. It is like that. Do not come to see that."

① where

② when

SCENE 45의 △ O

Then he quickly became serious:
  S   V
"Tonight--you know… Do not come."
   S   V   V
"I shall not leave you," I said.
 S   V   S   V
"I will go back (to the place) (where I lived). You must be
 S   V   S   S   V
worried (about me) (at the moment) (when it bites me)," he
                                    S   V   S
continued. "I shall look a little as if I were⁵¹ dying. It is (like that).
  V   S   V   + S   V   S V
Do not come /to see that."
   V

• the place) (where I lived): '그 장소 (△ 내가 살던)' 장소를 꾸미

기 위해 △ where가 왔어요.

51 'I'에 어울리는 be V 과거형은 분명 'was'인데 무슨 일일까요? 바로 앞에 있는 'as if(마치 ~인
    것처럼)'가 현실이 아닌 가정을 나타내기 때문이랍니다. 'if'가 가정법으로 쓰일 땐 'was' 자리
    에 'were'가 오는 걸 기억하세요.

• the moment) (when it bites me): '그 순간 (△ 그것이 나를 무는)'

'순간'이라는 시간을 꾸미기 위해 △ when을 사용하고 있군요.

무려 4개의 관계부사 △ where, when, why, how를 한 번에 배우
느라 참 수고 많았어요. 남은 목차를 보아하니 이제 복잡한 기호는
등장하지 않아요. 참 잘하고 있어요. 칭찬하고 또 칭찬합니다. 짝짝
짝! 끝을 향해 달려가는 기호 여행, 유종의 미를 거둬 봅시다. 힘!

5

누구나 /를 차지할 수 있는 건 아냐

$$N \overparen{(\triangle X)}$$

$$\cancel{N} / O$$

$$N = O$$

냉장고의 두 번째 기호 /를 정복할 시간이군요. 앞에 N이 못 오고 뒤에는 완전한 절이 오며 스스로 생략도 가능한 +, / that은 '-라고' 또는 '-라는 것을'로 해석하지요. (Chapter 3의 3)

철수: "번개 퀴즈! 임진왜란이 일어난 연도는?"

영희: "1592년! 이(1)러(5)구(9)있(2)을 때가 아니야! 왜놈들을 막자!"

철수: "우와! 내 생각에 넌 천재야."

영희: "뭐래. 뭐 별거라고."

철수: "아냐. 나도 너처럼 똑똑해지고 싶어."

철수는 생각한다 / 영희가 천재라고

철수의 감탄의 표현을 활용해 문장을 만들어 봤어요. 뭔가 / that
을 사용할 수 있을 것 같죠?

철수 thinks that 영희 is a genius.
S   V   S   V

/ that 앞에 N이 없고 뒤에는 be V 2형식 문장이 와 있네요. 그렇다
면 철수가 부러움을 표현하는 다음 문장은 어떨까요?

철수는 원한다 / 그가 똑똑해지는 것을 (영희처럼)

철수 wants that he becomes smart (like 영희).[52]
S   V   S   V

52 To R을 활용하면 간단히
해결할 수 있어요. '철수
wants to become smart
(like 영희).'

첫 번째 문장과 마찬가지로 / that 앞에
N이 없고 뒤에는 be V 2형식 문장이 있네
요. 하지만 이런 문장은 애초에 태어날 수가 없어요. 사실 아무 V나 /
that을 O(목적어)로 사용할 수 있는 건 아니거든요. 참 까다롭죠?

/ that을 좋아하고 자신의 O로 사용하는 V들은 다음과 같은 특징
을 가지고 있답니다.

머리로	think, know, wish
눈으로	find, show
입으로	tell, say
얼굴V로	see, feel, hear

한눈에 봐도 얼굴과 연결되어 있죠? 이런 상상력을 발휘하고 또 사용하려는 V를 사전으로 검색해 예문을 훑어보면 분명 감이 올 거예요. 사전과 친해지기, 반드시 약속?!

SCENE 46

He **said** th/at it was also (because of the snake). "He must not
  S   S   V
bite you. Snakes--they are malicious creatures."
  V   S V
"I shall not leave you," I said and **felt** th/at he was worried.
 S   V   S V + V   S V

- **said** th/at it was also (because of the snake): '**말했다 / 그것이 또한 그 뱀 때문이라고**' 앞에 N이 없고 뒤에는 완전한 절이 왔죠? '그것은 또한 그 뱀 때문이었다.'
- **felt** th/at he was worried: '**느꼈다 / 그가 걱정하고 있다고**' 역시 위 문장과 구조가 똑같죠? / that은 뭐할 수 있다? 언제나 생략할 수 있다!

변화무쌍한 △과는 달리 / that은 참 단순합니다. That이 who나

which, 혹은 what으로 바뀌지도 않고, 또 △ 뒤가 불완전[53]인지, 완전[54]인지 판단할 필요도 없고. 여러모로 마음에 드는 슬래쉬(/)[55]입니다.

53 관계대명사 who, which, that, what

54 관계부사 where, when, why, how

55 제 이름이 뭐라고요? ^^

SCENE 47

"I think this one might bite you just for fun." The little prince continued.

"I shall not leave you," I said.

But a thought came to reassure him:

"I know **that** they have no more poison for a second bite."

That night I did not see him set out on his way.

SCENE 47의 / that

"I think / this one might bite you just (for fun)." The little prince
  S₁ V₁   S₂   V₂   S
continued.
   V

"I shall not leave you," I said.
 S   V   S V

But a thought came /to reassure him:
 +   S   V

"**I know** th/at **they have no more poison** (for a second bite)."
  S   V   S   V
That night I did not see him set out (on his way).
  S   V   O   R

- **I think** / **this one might bite you**: '나는 생각해 / 이것이 아마 당신을 물 거라고' 보이지 않는 / that을 찾는 거라 조금은 어려웠을지도 모르겠어요. 이렇게 두 개의 절(S_1 V_1과 S_2 V_2)이 한 문장 안에서 보일 경우, 숨어 있는 +를 찾는 게 아주 중요하답니다. + 자리는 '+ S_1 V_1, S_2 V_2' 아니면 'S_1 V_1 + S_2 V_2'니까 여기선 가운데 숨어 있다는 걸 짐작할 수 있겠죠?

- **know** th/at **they have no more poison**: '안다 / 그것들이 더 이상의 독을 가지고 있지 않다는 것을' N / O 이 기호들과 완벽하게 일치하고 있어요.

쉽게 재미있는 / that의 마지막 연습 대령이오~

SCENE 48 —————————————————————

"You understand that it is too far. I cannot carry this body with me. It is too heavy." He said calmly.

I said nothing. But I found that he was crying…

"Here it is. Let me go on by myself."

손가락으로 그리는 8개의 기호 – Chapter 6 문법 왕이 되자: △, /, =

① 두 개의 that

SCENE 48의 / that

"You **understand th⁄at it is too far**. I cannot carry this body
    S   V   S V   S   V
(with me). It is too heavy." He said calmly.
          S V   S   V
I said nothing. But I **found th⁄at he was crying**…
S V   + S   V   S   V
"Here it is. Let me go on (by myself)."
    S   V   V   O   R

- understand th⁄at it is too far: **'이해한다 / 그것이 너무나 멀리 있

  다[56]는 것을'** 역시 N / O 이걸로 완전히   ₅₆ '그것이 너무 멀다'는 해석

  설명되지요?   또한 가능해요.

- found th⁄at he was crying: **'발견했다 / 그가 우는 중이었다는 것

  을'** 기호를 설명해야 하는데 내용이 너무 슬프네요. N / O

너무나 슬프고도 아름다운 장면을 다음 페이지에 남깁니다.

여기엔 기호를 그리지 않아도 좋아요.

해석을 하지 않아도 좋아요.

그저 어린왕자가 생각날 때 가끔씩 펼쳐 주면 그걸로 충분해요.

There was nothing but a flash of yellow close to his ankle. He remained motionless for an instant. He did not cry out. He fell as gently as a tree falls. There was not even any sound, because of the sand.

박수, 짝짝짝! 우레와 같은 함성, 와와와! 여러분, 드디어 마지막 기호, 마지막 이야기에 도착했어요. 이 페이지를 본 여러분이 진정한 승자입니다. 우리가 여기에 함께 있다는 그 사실이 저를 행복하게 한답니다.

> 우리는 여기에 함께 있다. 그 사실은 나를 행복하게 한다.

$$N \,\overset{\frown}{(\triangle X)}$$
$$\cancel{N} / O$$
$$N = O$$

마지막 감정까지 기호를 설명하는 데 써먹어서 조금 미안하지만 그래도 끝까지 할 일은 해야겠죠? = that(Chapter 3의 4)을 이용해 하나의 문장으로 만들어 봅시다.

> **The fact that we are here together makes me happy.**
> S₁   =   S₂ V₂   V₂
>
> **그 사실은 ⌒=57 우리가 여기에 함께 있다는 만든다 나를 행복하게**

모든 이퀄(=)은 뒤에서 앞으로 ⌒ 해석해주면 돼요. 워낙 쉽게 이해되는 기호인 만큼 바로 장면 속의 = that을 찾아 그려봅시다.

57 모든 = 위에는 예외 없이 언제나 ⌒가 (숨어)있는 만큼 따로 그리지는 않을게요.

SCENE 50 ──────────────

And now six years have already gone by⋯ My companions
  +   S   V   S
were well content (with **the fact**) = I was alive. However, I did
  V   S   V   S
not say **the truth that** I met the little prince (in the desert).
  V   =   S V

- **the fact) = I was alive:** '그 사실 = 내가 살아 있었다는' 여기 = that은 숨어 있지만, the fact 뒤에 완전한 절이 온 만큼, 그 사이에 =이 있다는 걸 쉽게 짐작할 수 있어요.

- **the truth that I met the little prince:** '그 진실 = 내가 어린왕자를 만났다는' 앞에는 N, 뒤에는 완전, 그 사이엔? = that

숨어 있어도 왠지 보이는 것 같은 = that, 다음 장면도 잘 그려봅시다. / that에는 =을 그리지 않도록 조심하세요.

Now my sorrow is comforted a little. That is to say--not entirely. But I know that he did go back to his planet thanks to the fact that I could not find his body at daybreak. Now I have the belief that the little prince lives in his star.

SCENE 51의 = that

Now my sorrow is comforted a little. That is /to say--not
         S   V   S V
entirely. But I know that he did go[58] back (to his planet) (thanks
         + S V   S   V
to **the fact**) that **I could not find his body** (at daybreak). Now I
         = S   V   S
have **the belief** that **the little prince lives** (in his star).
 V   =   S   V

- **the fact) that I could not find his body**: '**그 사실 = 내가 그의 몸을 찾을 수 없었다는**' N = O의 구조와 완벽하게 일치하죠?
- **the belief that the little prince lives** (in his star): '**그 믿음 = 어린왕자가 살고 있다는 (그의 별에서)**' 'belief(믿음)'는 'fact(사실)' 만큼이나 뒤에 = that을 끌고 다니는 단어랍니다.

58 두더지는 의문문과 부정문에 등장하는데 'he did go'는 뭘까요? 그건 바로 V인 'go'를 강조하기 위함이랍니다. 크게 소리치기만 해도 강조가 되는 '말'과는 달리 '문자'는 딱히 강조할 방법이 없잖아요? 그래서 'went'가 와야 할 자리에 'did go'를 써준 거예요. '어린왕자는 그의 별에돌아**갔다!!!**'

이제 대망의 마지막 장면이네요. 멋지게 = that을 그려줍시다.

SCENE 52

Here is the scene that there is a star in the sky in the desert. This is, to me, the loveliest and saddest landscape in the world. If you travel some day to the African desert, come upon this spot, meet a little man, and hear his laughter, please let me know the fact that he is there. Send me word that he has come back.

① 세 개의 that

SCENE 52의 = that

Here is **the scene that there is a star** (in the sky) (in the desert).
   S   V   =   S   V

This is, (to me), the loveliest and saddest landscape (in the
   S   V   +

world). If you travel some day (to the African desert), come
    +   S   V   V

(upon this spot), meet a little man, and hear his laughter,
              V   +   V

please let me know **the fact that he is there**. Send me **word**
      V   O   R   =   S V   V

that he has come back.
= S V

- the scene that there is a star (in the sky): '**그 장면 = 하나의 별이 있는 (그 하늘에)**' 'there is/are'는 '거기에 있다'가 아니라 그냥 '있다'로 해석해주세요.
- the fact that he is there: '**그 사실 = 그가 거기에 있다는**' N = O, 이퀄(=)은 뒤에서 앞으로 해석.
- word that he has come back: '**말 = 그가 되돌아 왔다는**'

문법 왕이 되기 위한 이번 마지막 챕터에는 △과 /, 그리고 =의 이야기가 가득했어요. 서로 닮았으면서도 하나도 똑같지 않은, 그래서 더 까다로웠던 3가지 기호 이야기를 참 잘 따라오셨어요.

작고 세밀한 부분에 집중하다 보면 가끔 큰 부분을 놓치기도 해요. △, /, =은 서로 다르지만 결국 절(S V)과 절(S V)을 연결하는 +들이랍니다. 8개의 기호를 활용해 이렇게 저렇게 그리고 사전의 도움을 받아 해석해 나가다 보면 문법을 정복하고 영어를 정복하는 날도 어느새 다가와 있을 거예요.

이 책을 곁에 두고 자주 펼쳐 보세요. 주위의 누구든 문법이 어려울 땐 여러분을 찾게 되는 마법의 순간을 경험하게 될 거예요. 이제껏 저와 직접 만나 함께 공부한 많은 제자들만의 특권을 이제는 여러분도 마음껏 누려 보세요. 지금까지 슬래쉬의 『8개의 기호로 영어 정복하기, 선으로 그리는 기호영문법』였습니다.

연습의 시간

지금까지 살펴본 기호의 이해 정도를 여러분 스스로 확인할
수 있도록 부록을 준비했어요. 앞서 등장한 52개의 어린왕자
장면들을 다시 보여드릴 테니 직접 가능한 모든 기호를 그려
보세요. 각자의 이해 정도를 정확히 파악할 수 있을 거예요.
기호는 보이니까요.

부록이라고 가볍게 지나치면 안 돼요. ( ), V, S, +, /, △, =,
⌒ 8개의 기호를 적극적으로 활용해 보세요. 몹시 친절하게
도 각 장면의 해석[59]을 해
두었으니 어린왕자 이야
기도 즐기는 기쁨을 마음
껏 누리세요. 그럼 마지
막 여행을 떠나 볼까요?
Here we go!

59 앞서 예문들의 해석은 아무리 어색해도
정확성에 초점을 맞춰 철저히 직독직해
했어요. 우리말과는 다른 영어의 어순에
적응할 필요가 있거든요. 부록에선 직독
직해를 하면서도 유창성에 초점을 맞춰
더 자연스러운 해석을 보여드리려 합니
다. 평소 이런 식으로 상황에 따라 정확
성과 유창성을 적절히 조절해 보세요.

The Little Prince 기호 그리기

SCENE 1 ———————————————————————— p. 100

When I was six years old I saw a magnificent picture in a book, called *True Stories from Nature*, about the primeval forest. It was a picture of a boa constrictor in the act of swallowing an animal.

내가 6살이었을 때/ 나는 한 놀라운 그림을 보았다/ 한 책에서/ 자연의 진실들이라는 제목의/ 원시림에 관한. 그것은 한 보아 뱀의 그림이었다/ 한 동물을 삼키는 행동을 하고 있는.

SCENE 2 ———————————————————————— p. 102

In the book it said: "Boa constrictors swallow their prey whole, without chewing it. After that they can't move, and they sleep through six months for digestion."

그 책에는 이렇게 쓰여 있었다: "보아 뱀들은 그들의 먹이를 통째로 삼킨다/ 그것을 씹지도 않은 채로. 그 후 그것들은 움직이지 못하고 잠을 잔다/ 소화를 위해 여섯 달 동안."

SCENE 3 ———————————————————— p. 103

I thought deeply, then, about the adventures of the jungle. And after some work with a colored pencil I succeeded in making my first drawing. My Drawing Number One. It looked something like this:

그래서 난 정글의 모험에 대해 곰곰이 생각했다. 그리곤 얼마간의 공을 들인 후에/ 한 색연필로/ 나는 나의 첫 번째 그림을 완성했다. 나의 그림 1호. 그건 이렇게 생겼다:

SCENE 4 ———————————————————— p. 105

He looked at it carefully, then he said: "No. This sheep is already very sickly. Make me another." So I made another drawing.

그는 그걸 보았다/ 조심스럽게, 그리곤 이렇게 말했다/ "아냐. 이 양은 이미 많이 아픈 걸. 한 마리 다시 그려줘." 그래서 나는 또 다른 그림을 그렸다.

SCENE 5 ———————————————————— p. 107

My friend smiled gently and indulgently. "You see yourself," he said, "this is not a sheep. This is a ram. It has horns." So then I did my drawing over once more.

나의 친구는 미소지었다/ 다정하고 상냥하게. "이거 봐," 그가 말했다. "이건 양이 아니잖아. 이건 숫양이야. 뿔도 있고." 그래서 나는 한 번 더 그려야 했다.

SCENE 6 ————————————————————— p. 109

"It is a very small sheep that I gave you." He bent his head over the drawing.
"Not so small that… Look! He went to sleep…" And that is how I made the acquaintance of the little prince.

"그건 아주 작은 양이야/ 내가 너에게 준 건." 그는 그림을 향해 고개를 숙였다.
"그렇게 작지도 않네/ 봐봐! 잠들었어/ " 이렇게 나는 어린왕자를 알게 되었다.

SCENE 7 ————————————————————— p. 111

As each day passed, I could learn, in our talk, something about the little prince's planet. The information from him came very slowly. I abruptly heard, on the third day, about the catastrophe of the baobabs.

하루하루 지나면서, 나는 어린왕자의 행성에 관해 무언가 알 수 있었다. 그로부터 얻는 정보는 아주 제한적이었다. 세 번째 날, 나는 갑작스레 들었다/ 바오밥 나무의 비극에 관하여.

SCENE 8 ———————————————————— p. 113

"Is it true that sheep eat little bushes?"

"That might be true."

"Then I am happy!" I did not understand why it was so important.

"그게 사실이야/ 양들이 작은 나무를 먹는다는 게?"

"아마 그럴 걸."

"그럼 다행이야!" 나는 이해할 수 없었다/ 왜 그게 그렇게나 중요한지.

SCENE 9 ———————————————————— p. 115

The little prince, however, added.

"Then does it follow that they also eat baobabs?"

With a big smile I told the little prince.

"Baobabs in the world are not little bushes, but, on the contrary, trees as big as castles. Even a whole herd of elephants would not eat up one single baobab."

하지만 어린왕자는 말을 이어나갔다.

"그러니까 걔네들 바오밥 나무도 먹는다는 거잖아?"

환한 미소와 함께/ 나는 어린왕자에게 말했다.

"이 세상 바오밥 나무들은 작은 덤불이 아니야, 반대로, 성 만큼이나 커. 심지어 코끼리 떼조차 단 한 그루의 바오밥 나무도 다 먹어치우지 못할 거야."

SCENE 10 ——————————————————————— p. 118

Then one morning, exactly at sunrise, she suddenly showed herself. After working with all this painstaking precision, she yawned and said:

"Both the sun and I were born at the same time."

"I am hungry because it is time for breakfast," she added an instant later.

그러던 어느 날 아침, 정확히 동이 틀 무렵, 그녀는 갑자기 모습을 드러냈다. 이 모든 정성들인 신중한 행동 후, 그녀는 하품하며 말했다:

"태양과 나는 태어났어/ 동시에."

"배가 좀 고파 아침식사 시간이라"/ 그녀가 곧바로 덧붙였다.

SCENE 11 ——————————————————————— p. 119

"I am not afraid of tigers or their claws!"

"There are neither tigers nor their claws on my planet," the little prince objected and she changed the subject.

"At night I want you to put me under a glass globe because it is very cold."

"난 호랑이나 그들의 발톱 따윈 두렵지 않아!"

"그런 것들은 없어 나의 행성에." 어린왕자는 반박했고 그녀는 주제를 바꿨다.

"밤에 나는 당신이 나를 두기를 원해/ 한 유리 덮개 아래에/ 왜냐하면 매우 춥거든."

SCENE 12 ─────────────────────────── p. 121

When he watered the flower for the last time, he was very close to tears.

"Goodbye," he said to the flower.

The flower coughed but it was not for a cold.

"I love you. However, Not only I but also you are foolish."

그가 꽃에 물을 주었을 때/ 마지막으로, 그는 거의 울 뻔 했다.

"안녕," 그는 꽃에게 말했다.

그 꽃은 기침했지만 그건 감기 때문이 아니었다.

"사랑해. 하지만 우리 둘 다 바보야."

The little prince began to visit other asteroids. To him,
The world was a mystery to solve. When he went to the
first asteroid, he met a king.
"Come to me," the king said.

어린왕자는 방문하기 시작했다/ 다른 소행성들을. 그에게, 세상은 풀어
야 할 수수께끼였다. 첫 번째 소행성에 갔을 때, 그는 한 왕을 만났다.
"나에게 오거라," 그 왕이 말했다.

The little prince looked everywhere to find a place to sit
down. But the entire planet was crammed and obstructed by
the king's magnificent ermine robe. There was no place for
the little prince to rest. Soon he was tired and yawned.
"To yawn in the presence of a king is contrary to etiquette,"
the monarch said to him.

어린왕자는 주위를 살펴보았다/ 앉을 만한 곳을 찾기 위해. 하지만 그
행성은 온통 가득하고 막혀 있었다/ 왕의 거대한 담비 예복으로. 공간이
없었다/ 어린왕자가 쉴 만한. 곧 그는 피곤해 하품했다.
"왕 앞에서 하품을 하다니 무례하구나," 왕이 그에게 말했다.

"Sire--over what do you rule?"

"Over everything," the king said to the little prince, with magnificent simplicity.

"And the stars obey you?"

"Certainly they do," the king said. "I also order the sun to set⋯ now I order you to stay with me."

"I have nothing more to do here," he said to the king. "So I shall set out on my way again."

"폐하--폐하는 무엇을 다스리나요?"

"모든 것을 다스리지," 왕이 어린왕자에게 말했다, 엄청 간단하게.

"그럼 별들이 당신에게 복종하나요?"

"물론 그렇지," 왕이 대답했다. "짐은 또한 명령하느니라/ 태양이 지는 것 또한⋯ 이제 네가 나와 함께 머물길 명령한다."

"저는 여기서 더 이상 할 게 없는 걸요," 그가 왕에게 말했다. "그래서 다시 여행을 떠나야겠어요."

The second planet was inhabited by a conceited man. To him, all other men are admirers.

"Oh, you came here to admire me," he said.

"What does that mean--'admire'?"

"To admire means that you regard me as the handsomest, the best-dressed, the richest, and the most intelligent man to treat on this planet."

"It is strange to admire you because you are the only one here."

두 번째 행성에는 자만심 많은 남자가 살았다. 그에게, 모든 다른 사람들은 숭배자들이었다.

"오, 너는 이곳에 왔구나/ 나를 찬양하기 위해," 그가 말했다.

"찬양한다는 게 뭔데?"

"그건 의미해/ 네가 나를 여긴다는 걸/ 가장 잘 생기고, 가장 옷을 잘 입고, 가장 부자고, 가장 똑똑한 사람이라는 걸 / 이 행성에서."

"그거 참 이상해/ 당신을 찬양한다는 건/ 왜냐하면 당신은 이곳에 있는 유일한 사람이잖아."

SCENE 17 ——————————————————————— p. 134

The next planet was inhabited by a tippler. This was a very short visit, but it plunged the little prince into deep dejection.

"What are you doing there?" he said to the tippler.

"I am drinking to forget," replied the tippler, with a lugubrious air.

"Forget what?" The little prince wanted to help him.

"Forget that I am ashamed of drinking. That is the reason to drink."

It is strange enough to drink to forget drinking. And the little prince went away, puzzled.

다음 행성에서는 한 주정뱅이가 살고 있었다. 이번엔 아주 짧은 방문이었지만, 그것은 어린왕자를 빠트렸다/ 엄청난 낙담에.

"거기서 뭐해?" 그는 주정뱅이에게 물었다.

"술 마시는 중이란다/ 잊기 위해," 주정뱅이가 대답했다, 침울한 분위기 속에서.

"뭘 잊고 싶은데?" 어린왕자는 돕고 싶었다.

"잊기 위해/ 술 마시는 게 부끄럽다는 걸. 그게 바로 술 마시는 이유야."

그건 정말 이상하다/ 술 마시는 걸 잊기 위해 술을 마시다니. 어린왕자는 그 행성을 떠났다, 혼란스러워하며.

SCENE 18 ———————————————————— p. 136

The fourth planet belonged to a businessman. This man was too much occupied to greet the little prince. His job was to calculate numbers.

"Five-hundred-and-one million what?" asked the little prince.

"I have so much to do! I don't want any visitors to disturb me. It is very important to count things correctly."

네 번째 행성은 한 사업가의 행성이었다. 그 남자는 너무 바빴다/ 어린 왕자를 맞이하기엔. 그의 일은 숫자들을 계산하는 것이었다.

"뭐가 오억 백만이야?" 어린왕자가 물었다.

"나는 할 일이 너무 많아! 나는 어떤 방문객도 원하지 않아/ 나를 방해하는. 그건 정말 중요해/ 물건들을 정확하게 세는 것은."

SCENE 19 ———————————————————————— p. 142

The fifth planet was very strange. It was the smallest of all. There was just enough room on it for a street lamp and a lamplighter. His job was to manage his lamp. He just put out his lamp.

"Good morning, Why did you just put out your lamp?"

"Those are the orders. Now I am to light it again."

"Why?"

"I am to manage it."

다섯 번째 행성은 매우 이상했다. 그것은 가장 작은 행성이었다. 겨우 공간이 있을 뿐이었다/ 그곳엔/ 한 개의 가로등과 한 명의 가로등지기를 위한. 그의 일은 관리하는 것이었다/ 그의 가로등을. 그는 이제 막 그의 가로등을 껐다.

"안녕, 왜 당신은 방금 가로등을 껐어?"

"명령이니까. 이제 나는 그걸 다시 켜야 해."

"왜?"

"내가 그걸 관리해야 하니까."

SCENE 20 ———————————————————— p. 143

"You are so busy. When are you putting out your lamp again?"

"After one minute, I am to put out my lamp again." replied the lamplighter.

"Why?"

"My job is to do it. That's all." He continued. "I always want to rest but I can't. The sun is to rise soon."

"당신은 아주 바쁘구나. 언제 당신의 가로등을 다시 꺼?"

"1분 후에, 나는 등을 다시 꺼야 해." 가로등지기가 대답했다.

"왜?"

"그게 내 일이니까. 그게 다야." 그는 계속해서 말했다. "나는 늘 쉬기를 원해/ 하지만 그럴 수가 없어. 태양이 곧 뜨니까."

SCENE 21 ———————————————————— p. 145

The sixth planet was ten times larger than the last one. The little prince saw a geographer and voluminous books.

"I am to check explorers' moral character," the old gentleman said to him.

"Why is that?" asked the little prince.

"If they lie, my books would be incorrect. My work is to record what they explore."

여섯 번째 행성은 지난번 행성보다 10배는 더 컸다. 어린왕자는 한 지리학자와 그의 거대한 책들을 보았다.

"나는 확인 한단다/ 탐험가들의 품성을." 노신사는 그에게 말했다.

"왜 그러는데?" 어린왕자가 물었다.

"만약 그들이 거짓말을 하면, 나의 책들에 문제가 생길 거야. 나의 일은 기록하는 것이란다/ 그들이 탐험한 것을."

SCENE 22 ——————————————————— p. 152

So then the seventh planet was the Earth.

"Good evening," said the little prince courteously. "Where am I?"

"This is the Earth; this is Africa," the snake answered.

"You are no thicker than a finger."

"But everything is sent back to the earth by me," the snake continued.

"You can be helped by me. I can···"

그렇게 일곱 번째 별은 지구였다.

"안녕," 어린왕자가 공손하게 말했다. "여긴 어디야?"

"이 곳은 지구야; 아프리카," 뱀이 대답했다.

"너는 손가락만큼이나 가늘구나."

"하지만 난 모든 걸 땅으로 돌려보내," 뱀은 계속 이야기했다. "너도 도
와줄 수 있어. 나는 할 수 있거든…"

SCENE 23 ——————————————————————— p. 154

The little prince crossed the desert and only one flower was
met by him.

It was a flower with three petals, a flower of no account at all.

"Good morning, where are the men?" the little prince asked,
politely.

"Men?" she echoed. "I saw six or seven of them, several
years ago. But one never knows where to find them."

The little prince was disappointed.

어린왕자는 사막을 가로질러 갔다/ 그리고 단 한 송이의 꽃과 마주쳤다.

그것은 한 꽃이었다/ 꽃잎 세 개를 가진, 별거 아닌 그저 한 꽃.

"안녕, 사람들은 어디에 있어?" 어린왕자는 예의 바르게 물었다.

"사람들?" 그녀는 대답했다. " 여섯 일곱 명 정도 본 적 있어, 몇 년 전
에. 하지만 아무도 몰라/ 어디에서 그들을 찾을 수 있는지."

어린왕자는 실망했다.

SCENE 24 ———————————————————————— p. 156

After walking for a long time through sand, rocks, and snow, roads were seen by him. A lot of flowers were also found. The little prince gazed at them. They all looked like his flower.

"Good morning, who are you?" he demanded, thunderstruck.

"We are roses," the roses said.

"Alas!" The little prince was overcome with sadness.

오랫동안 걸은 후에/ 모래밭과 바위더미, 눈밭을 헤치고, 도로가 보였다/ 그에게. 많은 꽃들이 또한 나타났다. 어린왕자는 그것들을 바라보았다. 전부 그의 꽃과 닮았다.

"안녕, 너희들은 누구니?" 그는 물었다/ 충격을 받은 채.

"우리들은 장미야," 꽃들이 말했다.

"아아!" 어린왕자는 슬픔에 압도되었다.

SCENE 25 ———————————————————————— p. 162

At that moment, the fox appeared.

"Good morning," said the fox.

"Good morning," the little prince hearing the voice responded politely although when he turned around he saw nothing.

"I am right here under the apple tree." the smiling fox said.

"You look very pretty," the surprised little prince responded.

그 순간, 여우가 나타났다.

"안녕." 여우가 말했다.

"안녕," 그 목소리를 들은 어린왕자는 응답했다 정중하게/ 비록 그가 주위를 둘러봤을 때 아무것도 보지 못했지만.

"여기야/ 사과나무 아래." 여우는 웃으면서 말했다.

"너 정말 예쁘구나," 놀란 어린왕자는 대답했다.

SCENE 26 ———————————————— p. 164

"Come and play with me," proposed the little prince. "I am so unhappy."

"I cannot play with you," the fox said. "Only a tamed animal can play with you."

"What does that mean--'tame'?" the little prince standing next to the fox asked.

"이리 와서 나랑 놀자." 어린왕자가 제안했다. "난 너무 불행해."

"나는 너와 놀 수 없어," 여우는 말했다. "오직 길들여진 동물만 너와 놀

수 있어."

"길들인다는 게 무슨 뜻이야?" 어린왕자는 여우 옆에 서서 물었다.

SCENE 27 ——————————————————————————— p. 165

"It would have been better to come back at the same hour," said the fox watching the little prince. "If, for example, you come at four o'clock, then at three o'clock I shall find myself beginning to be happy." The excited fox continued. "I shall feel happier and happier as the hour advances."

"더 좋았을 거야/ 같은 시간에 왔다면" 여우가 말했다/ 어린왕자를 보며. "만약, 예를 들어, 네가 4시에 온다면, 난 3시부터 행복해지기 시작할 거야." 신난 여우가 계속 이야기했다. "난 더욱더 행복해질 거야/ 시간이 갈수록."

SCENE 28 ——————————————————————————— p. 172

The fox felt sad, saying his secret to the little prince. Told the fox's story, the little prince felt strange.

"Essential things are invisible to the eye," said the fox.

"Essential things are invisible to the eye," the little prince repeated, thinking his rose.

여우는 슬펐다/ 그의 비밀을 어린왕자에게 말하면서. 여우의 이야기를 들으면서, 어린왕자는 낯선 기분을 느꼈다.

"본질적인 것들은 눈에 보이지 않아," 여우가 말했다.

"본질적인 것들은 눈에 보이지 않아," 어린왕자가 따라 말했다/ 그의 장미를 생각하면서.

SCENE 29 ———————————————— p. 174

It was now the eighth day since I had had my accident in the desert.

I was listening to the little prince's story, feeling thirsty.

"I am dying of thirst."

"I am thirsty, too," talking to me, he smiled.

Followed by me, the little prince felt dizzy.

이제 8일째가 되었다/ 사막에서 사고를 겪은 지.

나는 어린왕자의 이야기를 듣는 중이었다/ 갈증을 느끼면서.

"나는 목말라 죽을 것 같아."

"나도," 나에게 말하며, 그는 미소 지었다.

나를 따라오면서, 어린왕자는 현기증을 느꼈다.

Finally, we found a well, walking in the Sahara at daybreak. Surprised at the condition of the well, I said to the little prince. "Everything is ready for use: the pulley, the bucket, the rope…"

He laughed, touching the rope and setting the pulley to working.

마침내, 우리는 한 우물을 발견했다/ 사하라 사막을 걸으면서 동틀 무렵. 우물의 상태에 놀란/ 나는 말했다/ 어린왕자에게. "모든 것이 쓸 수 있게 준비되어 있어: 도르래, 두레박, 밧줄…"

그는 웃었다, 밧줄을 만지고 도르래를 작동시키며.

"I am thirsty for this water," said the little prince. "Give me some of it to drink…"

I helped the little prince drink the water. I saw his face shine, again. I drunk the water, too. It was as sweet as some special festival treat.

"목이 말라," 어린왕자가 말했다. "물 좀 줘…"

나는 어린왕자가 물을 마실 수 있게 도와주었다. 그의 얼굴이 다시 빛나는 것을 보았다. 나도 물을 마셨다. 그건 달콤했다/ 어떤 특별한 축제의 대접만큼이나.

SCENE 32 ——————————————————— p. 182

When I came back from my work, the next evening, I saw from some distance away my little prince sit on top of a wall, with his feet dangling. And I heard him say: "Then You don't remember. Let me explain the exact spot."

일을 마치고 돌아왔을 때, 다음 날 저녁, 나는 보았다/ 약간 멀리서/ 어린왕자가 한 벽 위에 앉아 있는 것을, 그의 다리를 늘어뜨린 채. 그리고 그가 말하는 것을 들었다: "그럼 너는 기억하지 못하는구나. 내가 설명해 줄게/ 그 정확한 장소를."

SCENE 33 ——————————————————— p. 184

I was only twenty meters from the wall, and I still saw nothing. After a silence the little prince spoke again:
"You have good poison? Then it will not make me suffer too long."
I stopped in my tracks, my heart torn asunder; but still I did not understand. At the very moment, I saw a yellow snake face the little prince at the bottom of the wall.

나는 겨우 20미터 떨어져 있었다/ 그 벽으로부터, 하지만 여전히 아무것도 보이지 않았다. 약간의 침묵 후, 어린왕자는 다시 말하기 시작했다: "너는 좋은 독을 가지고 있는 거지? 그럼 나를 너무 오랫동안 아프게 하지는 않겠네."

나는 걸음을 멈췄다, 가슴이 찢어질 듯하여: 하지만 여전히 이해할 수 없었다. 바로 그 순간, 나는 보았다/ 한 노란 뱀이 어린왕자를 바라보고 있는 것을/ 그 벽 아래에서.

SCENE 34 ———————————————————————— p. 187

The snake which was facing the little prince disappeared among the stones. I reached the wall to catch my little man who was sitting on the wall.

어린왕자를 바라보던 뱀은 사라졌다/ 돌 틈 사이로. 나는 벽을 향해 갔다/ 나의 작은 친구를 안기 위해/ 벽 위에 앉아 있던.

SCENE 35 ———————————————————————— p. 188

I loosened the golden muffler that he always wore. The little prince who looked at me very gravely put his arms around my neck. I felt his heart beat like the heart of a dying bird.

나는 그 황금색 머플러를 살짝 풀었다/ 그가 항상 두르고 있던. 아주 진지하게 나를 바라보던 어린왕자는 두 팔로 껴안았다/ 나의 목을. 나는 느꼈다/ 그의 심장이 뛰고 있는 것을/ 마치 죽어가는 새의 심장처럼.

SCENE 36 ——————————————————— p. 189

"I am glad that you solved the problem which your engine had," he continued. "Today, I am going back to my place that is very far away."

"나는 행복해/ 당신이 그 문제를 해결해서/ 당신의 엔진이 가지고 있던." 그는 계속해서 이야기했다. "오늘, 나는 집으로 돌아갈 거야/ 아주 멀리 떨어져 있는."

SCENE 37 ——————————————————— p. 193

The snake facing the little prince disappeared among the stones. I reached the wall to catch my little man sitting on the wall.

어린왕자를 바라보던 뱀은 사라졌다/ 돌 틈 사이로. 나는 벽을 향해 갔다/ 나의 작은 친구를 안기 위해/ 벽 위에 앉아 있던.

SCENE 38 ——————————————————— p. 194

I loosened the golden muffler that he always wore. The little prince looking at me very gravely put his arms around my neck. I felt his heart beat like the heart of a dying bird.

나는 그 황금색 머플러를 살짝 풀었다/ 그가 항상 두르고 있던. 아주 진지하게 나를 바라보던 어린왕자는 두 팔로 껴안았다/ 나의 목을. 나는 느꼈다/ 그의 심장이 뛰고 있는 것을/ 마치 죽어가는 새의 심장처럼.

SCENE 39 ——————————————————— p. 195

"I am glad that you solved the problem which your engine had," he continued. "Today, I am going back to my place being very far away."

"나는 행복해/ 당신이 그 문제를 해결해서/ 당신의 엔진이 가지고 있던." 그는 계속해서 이야기했다. "오늘, 나는 집으로 돌아갈 거야/ 아주 멀리 떨어져 있는."

SCENE 40 ——————————————————— p. 198

What was facing the little prince disappeared among the stones. I reached the wall to catch what was sitting on the wall.

어린왕자를 바라보던 것은 사라졌다/ 돌 틈 사이로. 나는 벽을 향해 갔다/ 그 위에 앉아 있던 그를 잡기 위해.

SCENE 41 ———————————————————— p. 199

I loosened what he always wore. What looked at me very gravely put his arms around my neck. I felt his heart beat like the heart of a dying bird.

나는 살짝 풀었다/ 그가 항상 두르고 있던 것을. 아주 진지하게 나를 바라보던 어린왕자는 두 팔로 껴안았다/ 나의 목을. 나는 느꼈다/ 그의 심장이 뛰고 있는 것을/ 마치 죽어가는 새의 심장처럼.

SCENE 42 ———————————————————— p. 200

"I am glad that you solved what your engine had," he continued. "Today, I am going back to what is very far away."

"나는 행복해/ 당신이 해결해서/ 당신의 엔진이 가지고 있던 것을." 그는 계속해서 이야기했다. "오늘, 나는 돌아갈 거야/ 아주 멀리 떨어져 있는 곳으로."

"At night you will look up and try to find the star where I live. It is better, like that. My star will just be one of the stars, for you. You will love to watch all the stars in the heavens due to the reason why you don't know my asteroid··· they will all be your friends."

"밤에 당신은 고개를 들어 그 별을 찾으려 할 거야/ 내가 사는. 그게 더 좋아, 그런 게. 나의 별은 그 많은 별 중 그저 하나일 거야, 당신에게는. 당신은 보는 것을 좋아할 거야/ 모든 그 별들을/ 하늘에 있는/ 왜냐하면 나의 별을 모르기 때문에··· 모든 별이 당신의 친구가 될 거야."

He laughed again.
"Ah, little prince, dear little prince! I love to hear that laughter!" I said.
"The way you laugh makes me happy."
"Looking at the sky, you'll laugh, when people will think you are crazy," said the little prince.

그가 다시 웃었다.
"아, 어린왕자야! 난 정말 너의 웃음소리가 좋아!" 나는 말했다.

네가 웃는 그 방식은 나를 행복하게 만들어.", 나는 말했다.

"하늘을 보면서, 당신은 웃을 거야, 그럼 그때 사람들은 생각할 테지/ 당

신이 미쳤다고." 어린왕자가 말했다.

SCENE 45 ————————————————— p. 211

Then he quickly became serious:

"Tonight--you know… Do not come."

"I shall not leave you," I said.

"I will go back to the place where I lived. You must be
worried about me at the moment when it bites me," he
continued. "I shall look a little as if I were dying. It is like that.
Do not come to see that."

그리곤 그는 갑자기 진지해졌다:

"오늘 밤엔--있잖아… 오지 마."

"널 떠나지 않을 거야," 내가 대답했다.

"나는 되돌아갈 거야/ 내가 살던 그곳으로. 당신은 틀림없이 걱정할 거

야/ 나에 대해/ 그것이 나를 무는 그 순간," 그가 계속해서 이야기했다.

"나는 약간 보일 거야 마치 죽는 것처럼. 그게 그런 식이거든. 오지 마/

그 모습을 보러."

He said that it was also because of the snake. "He must not bite you. Snakes--they are malicious creatures."

"I shall not leave you," I said and felt that he was worried.

그는 말했다/ 그것이 또한 그 뱀 때문이라고. "그게 당신을 물어선 안 돼. 뱀들은-- 그것들은 악의적인 생명체들이야."

"널 떠나지 않을 거야." 나는 말했다/ 그리고 느꼈다/ 그가 걱정하고 있다는 것을.

"I think this one might bite you just for fun." The little prince continued.

"I shall not leave you," I said.

But a thought came to reassure him:

"I know that they have no more poison for a second bite."

That night I did not see him set out on his way.

"나는 생각해/ 뱀이 당신을 그저 재미로 물지도 모른다고." 어린왕자는 계속했다.

"널 떠나지 않을 거야," 내가 말했다.

하지만 한 가지 생각이 그를 안심시켰다:

"나는 알아/ 그들이 더 이상의 독이 없다는 것을/ 두 번째 물 때는.

그날 밤 나는 보지 못했다/ 그가 떠나는 걸.

SCENE 48 ———————————————————— p. 218

"You understand that it is too far. I cannot carry this body with me. It is too heavy." He said calmly.

I said nothing. But I found that he was crying…

"Here it is. Let me go on by myself."

"당신도 알잖아/ 그것이 너무 멀다는 것을. 나는 이 몸을 가져갈 수 없어/ 나와 함께. 그건 너무 무거워." 그는 차분히 말했다.

나는 아무 말도 하지 않았다. 하지만 나는 알았다/ 그가 울고 있다는 것을…

"여기야. 나 혼자 갈게."

SCENE 49 ————————————————————————————

There was nothing but a flash of yellow close to his ankle. He remained motionless for an instant. He did not cry out. He fell as gently as a tree falls. There was not even any sound, because of the sand.

253

"

"

SCENE 50 ————————————————————— p. 221

And now six years have already gone by··· My companions were well content with the fact I was alive. However, I did not say the truth that I met the little prince in the desert.

이제, 벌써 육 년이 지났다··· 나의 동료들은 몹시 기뻐했다/ 내가 살아 있다는 사실에. 하지만, 나는 말하지 않았다/ 그 진실은/ 사막에서 어린 왕자를 만났었다는.

SCENE 51 ————————————————————— p. 222

Now my sorrow is comforted a little. That is to say--not entirely. But I know that he did go back to his planet thanks to the fact that I could not find his body at daybreak. Now I have the belief that the little prince lives in his star.

이제 나의 슬픔은 조금 가라앉았다. 그러니까—완전히는 아니다. 하지만 나는 안다/ 그가 그의 행성으로 되돌아갔다는 것을/ 그 사실 덕분에/ 동틀 녘에 그의 몸을 찾을 수 없었던. 이제 나는 믿는다/ 어린왕자가 그의 별에 살고 있다는 것을.

SCENE 52 ———————————————————————— p. 223

Here is the scene that there is a star in the sky in the desert. This is, to me, the loveliest and saddest landscape in the world. If you travel some day to the African desert, come upon this spot, meet a little man, and hear his laughter, please let me know the fact that he is there. Send me word that he has come back.

여기 그 장면이 있다/ 사막의 하늘에 하나의 별이 있는. 그것은 가장 사랑스럽고 또 가장 슬픈 풍경이다/ 세상에서. 만약 당신이 아프리카의 사막으로 여행한다면, 이 장소를 발견하고, 한 작은 소년을 만나 그의 웃음소리를 듣는다면, 나에게 알려주길 바란다/ 그가 거기에 있다는 사실을. 내게 말해주기 바란다/ 그가 돌아왔다고.

작은 성공의 습관 만들기

　헤비메탈 밴드 기타리스트, 컴퓨터 프로그래머, TOEIC 990 만점, 한국외국어대학교 교육대학원 석사, 영어강의 경력 22년 차에 취미는 3.9km 철인수영. 이걸 혼자 다 했다고 하면 대단해 보이나요? 그럼 이건 어때요? 단무지 공장 노동자, 3개 대학 졸업 포기, 노가다 판일용직 막일꾼. 삶의 고단함이 느껴지나요?

　모두 지금, 에필로그를 써 내려가고 있는 저의 모습이랍니다. 전자라고 크게 자랑스럽지도 않고 후자라고 부끄럽지도 않아요. 그저 하나씩 경험하며 앞으로 나아가는 거지요. 전 생각과 행동을 멈추지 않아요. 흐르지 않는 고여 있는 물이 되고 싶진 않거든요. 가끔 찾아오는 오랜 제자들은 자리에 앉으며 이렇게 묻곤 한답니다.

　"요즘은 뭐 하세요?"

　전 또 신이 나서는 근황을 말하곤 해요. 이런 저의 에너지를 얻으러 오는 건지 신기해서 구경 오는 건지는 잘 모르겠지만, 초등학교 때 시작한 인연이 결혼해서 아기와 함께 오기까지 이어지는 걸 보면 적어도 해가 되지는 않나 봅니다.

저는 처음부터 도전의 에너지를 가지고 있었을까요? 전혀요. 전 지극히 평범한 사람이었답니다. 물론 지금도 그렇고요. 다만 운이 좋았어요. 아주 작은 성공의 경험을 한 거죠. 그 작은 성공의 쾌감. 몇 달을 바라만 보던 형의 기타를 아무 생각 없이 악보가 보여주는 대로 C 코드를 잡고는 '드르릉~' 퉁기며 한마디 노래를 불러봤는데… 제법 괜찮더라고요. 그래서요? 기타리스트가 되었죠. 전 단순하니까요.

기타를 좋아한다? 기타리스트가 된다. 컴퓨터가 뭔가 모양새 난다? 프로그래머가 된다. 영어가 너무 어렵다? 정복해 버린다. 밤하늘 달빛을 담고 있는 한강을 수영으로 건너보고 싶다? 장거리 철인수영 대회에 참가한다.

한 번에 한 가지만 하면 돼요. 그럼, 다 할 수 있다고 믿어요. 모아 놓고 보면 거창하지만 당장은 눈앞에 있는 단 하나에만 집중해 보세요. 그러다 보면 나만의 훈장 한 개가 어느덧 가슴에 새겨져 있어요. 어려울까 봐 망설여지세요? 천천히 하세요. 목표를 충분히 낮추면 돼요. 방향만 맞으면 생각보다 빨리 목적지에 도착할 수 있어요. 한강을 수영으로 건너고 싶어 제가 첫 번째로 한 일은 새벽 6시 수영 기초반에 등록한 거였어요. 거기서부터 시작하는 거죠. 1년 6개월 정도 예상했는데 9개월 차에 성공했답니다.

여러분이 이 책을 여기까지 읽고 있다는 게 기호를 정복했음을 의

미하지는 않을 거예요. 우리는 끊임없이 잊어버리니까요. 8개의 기호를 온전히 자신의 것으로 만드는 데는 분명 시간과 노력이 필요하답니다. 반복의 힘을 믿으세요. 딱 두 달만 반복해 책을 펼쳐 보고 기호를 그리며 연습해 보세요. 단 두 달! 기호라는 무기를 가슴에 새기는 그날, 마치 머릿속 암산처럼 펜 없이 손가락만 가지고 허공에 기호를 그릴 수 있게 된답니다. 성공의 습관을 만들어내는 순간입니다.

여러분은 기호를 활용해 문법이 재미있어지기 시작해요. 점점 자신감이 생길 거고요. 어느새 친구들은 여러분에게 답을 확인받을 거예요. 문법에의 자신감은 독해로 이어지고 그럼 단어 암기가 전보다 즐거워지겠죠. 수행평가를 준비하는 영작은 또 어때요? 문법이 튼튼하니 쓰고 싶은 표현이 마구 떠오를 거예요. 그저 필요한 단어만 검색해 손쉽게 영작을 마무리합니다. 더 이상 수행평가를 위해 번역 앱을 만지작거리는 여러분은 존재하지 않아요. 이 모든 게 8개의 기호를 그리기로 마음먹은 여러분에게 앞으로 일어날 일들이랍니다. 수백 명의 제자들이 몸소 증명하기도 했고요.

이 책은 여러분뿐만 아니라 제게도 의미가 크답니다. 또 하나의 작은 습관과 성공을 의미하거든요. 글을 쓰고 책을 출간하는 일이 더 이상 버킷리스트에만 담겨있는 꿈이 아닌 현실이 되었거든요. 물론 8개의 기호를 책으로 만들어 세상에 드러내는 일은 저 혼자 이루어낸 게 아님을 잘 알고 있어요. 끊임없이 노력을 격려하고, 디자인을 챙겨주며, 삶의 동기를 유발하는 감사한 분들 덕분임을 잘 알고 있습니다.

20년 넘게 영어를 가르치며 많은 인연을 만나왔어요. 언어를 가르치는 일을 하고 있지만 전 마음가짐과 삶의 태도에 관한 이야기도 제법 하는 편이에요. 덕분인지는 모르겠지만 오랜 세월 동안 저를 찾는 제자들은 각자의 고민, 변화, 실패 등 여러 이야기를 나누며 조언을 구하곤 해요. 당장의 좌절로 그들을 판단하지 않아요. 결국엔 성공할 거라는 것도 알고 있어요. 이전 많은 제자의 성공 방정식인 '멈추지 않는 삶'의 길을 이 친구들도 걸어가고 있는 게 보이거든요.

개인적으로 첫 번째 도전에서 성공하지 못하는 징크스를 가지고 있어요. 대학, 운전면허, 새로 연습한 곡 첫 무대, 프로그래머 면접, 입시 첫 시즌의 대학원 면접 등 많은 첫 도전에서 실패한 경험을 가지고 있답니다. 처음엔 그런 부분에 겁도 나고 좌절도 했지만, '아니? 그럼, 다음은 잘될 거 아냐!' 하는 생각이 들더군요. 이런 긍정적 생각 덕분에 첫 도전 실패의 징크스는 오히려 다음 성공을 장담하는 행운의 징크스가 되었답니다. 여러분께도 행운을 가득 전해 드립니다.

"여기서 멈추지만 않으면 우린 다 해낼 수 있어요."

부록 정답 가림판 사용법

빨간 투명지를 가위로 잘라 본문 글에 덮으면 기호가 사라져 보입니다. 마음 속으로 답을 생각한 후 정답과 대조해 보세요.